中等职业学校汽车检测与维修专业教学用书

汽车检测技术

主编　郝风伦

参编　公茂金　姜景德　陈建国　郇延建

主审　张茂国

机械工业出版社

本教材将理论与实践紧密结合，注重培养学生在实践中发现问题、解决问题的能力。本教材共设有汽车检测基础、发动机的检测、汽车底盘的检测、整车的检测、汽车检测站五个单元，每个单元均设有多个任务，每个任务均设有任务目标、任务实施、相关知识、知识链接和习题等栏目。

本教材主要供中等职业学校、职业高中、技工学校汽车检测与维修专业的学生使用，也可供从事汽车生产和维修工作的人员培训、自学使用。

图书在版编目（CIP）数据

汽车检测技术/郝风伦主编. —北京：机械工业出版社，2013.11（2025.8 重印）
中等职业学校汽车检测与维修专业教学用书
ISBN 978-7-111-44656-9

Ⅰ.①汽…　Ⅱ.①郝…　Ⅲ.①汽车—故障检测—中等专业学校—教材
Ⅳ.①U472.9

中国版本图书馆 CIP 数据核字（2013）第 261469 号

机械工业出版社（北京市百万庄大街 22 号　邮政编码 100037）
策划编辑：朱　华　陈玉芝　责任编辑：朱　华　陈玉芝　王华庆
版式设计：霍永明　　　　　责任校对：佟瑞鑫
封面设计：路恩中　　　　　责任印制：单爱军
中煤（北京）印务有限公司印刷
2025 年 8 月第 1 版第 4 次印刷
184mm×260mm · 9 印张 · 218 千字
标准书号：ISBN 978-7-111-44656-9
定价：39.80 元

电话服务　　　　　　　　　网络服务
客服电话：010-88361066　　机 工 官 网：www.cmpbook.com
　　　　　010-88379833　　机 工 官 博：weibo.com/cmp1952
　　　　　010-68326294　　金 书 网：www.golden-book.com
封底无防伪标均为盗版　　　机工教育服务网：www.cmpedu.com

中等职业学校汽车检测与维修专业教学用书

编 委 会 名 单

前　言

　　长期以来，我国的中等职业教育教材强调专业知识的体系结构，过分看重专业知识性，专业课教材对专业技能的培养和训练重视不足，过分追求理论化、系统化，存在学用脱节、实用性不强等问题。另外，近些年我国汽车工业迅速发展，对汽车使用、保养、维修等专业人才有了新的要求。鉴于此，本教材根据教育部制定的中等职业学校三年制汽车检测与维修专业技能型紧缺人才培养指导方案对"汽车检测技术"课程的教学要求，以提高学生的职业实践能力和职业素养为宗旨进行编写。

　　本教材倡导以学生为本位的教育培训理念和建立多样性与选择性相统一的教学机制，通过综合和具体的职业技术实践活动，帮助学生积累实际工作经验，突出中等职业教育的特色，全面提高学生的职业道德、职业能力和综合素质。

　　本教材针对当前中等职业教育的特点，以学生就业为导向，从职业活动出发，兼顾劳动者的职业生涯，以企业工作现场为平台，根据企业的工作任务，将企业活动转换为教学内容。本教材以国家有关的职业标准（中级）为基本依据，摒弃"繁难偏旧"的内容，突出学生岗位能力的培养，并以提高学生的操作技能为目标，培养学生在实践中发现问题、解决问题的能力，体现了实用性、科学性、可操作性。

　　本教材采用任务驱动模式编写，使学生在动手操作过程中逐步掌握汽车检测技术方面的知识。本教材分为五个单元，每个单元设置多个工作任务，每个工作任务都是一个完整的工作过程。工作任务中设置了与汽车维修企业对汽车检测人员要求相适应的任务目标，着重介绍了工作任务的具体实施方法以及对任务实施有直接指导作用的相关知识。学生通过对本教材的学习，能够掌握必要的专业知识，达到相应的技能要求，并且能够取得相应的职业资格证书，为以后从事汽车维修工作打下良好的基础。

　　本教材由郝风伦主编，公茂金、姜景德、陈建国、郇延建参加编写，全书由张茂国主审。

　　在本教材的编写过程中参考了很多文献资料，在此谨向这些文献资料的作者表示衷心的感谢。

　　由于能力所限，书中难免存在疏漏和差错，恳请广大读者批评指正。

编　者

目　　录

前言

单元一　汽车检测基础 ……………… 1

任务一　参观汽车检测实训室 …………… 1

任务二　汽车专用万用表的使用 ………… 6

任务三　汽车电脑故障检测仪的使用 …… 11

单元二　发动机的检测 ……………… 24

任务一　发动机综合分析仪的使用 ……… 24

任务二　用发动机综合分析仪检测
发动机功率 ……………… 32

任务三　气缸密封性的检测 …………… 35

任务四　点火系统性能的检测 ………… 44

任务五　柴油机供油系统的检测与
波形观测 ……………… 53

单元三　汽车底盘的检测 …………… 59

任务一　传动系统游动角度的检测 ……… 59

任务二　转向盘自由行程和转向力的检测 … 62

任务三　车轮平衡度的检测 …………… 66

任务四　汽车四轮定位的检测 ………… 70

任务五　悬架装置的检测 ……………… 74

单元四　整车的检测 ………………… 78

任务一　汽车动力性能的检测 ………… 78

任务二　汽车车轮侧滑量的检测 ……… 83

任务三　汽车制动性能的检测 ………… 87

任务四　车速表指示误差的检测 ……… 93

任务五　汽车燃油经济性的检测 ……… 97

任务六　汽车排放污染物的检测——用
不分光红外线气体分析仪检测
汽油车废气 …………… 104

任务七　汽车排放污染物的检测——用
滤纸式烟度计检测柴油车尾气
烟度 ………………… 108

任务八　汽车噪声的检测 …………… 112

任务九　汽车前照灯的检测 ………… 118

单元五　汽车检测站 ……………… 125

任务　认识汽车检测站 ……………… 125

参考文献 …………………………… 137

汽车检测基础

任务一　参观汽车检测实训室

任务目标

1. 掌握与汽车检测相关的术语。
2. 掌握汽车检测系统的组成。
3. 了解人工经验诊断的方法和步骤。
4. 掌握现代仪器设备诊断法的特点。

任务实施

一、器材准备

准备常用工具一套以及内窥镜、示波器、实习车辆等。

二、实施步骤

由实习老师演示内窥镜、示波器的使用方法，引起同学们对汽车检测课程的兴趣。

相关知识

一、术语解释

（1）汽车技术状况　定量测得的表征某一时刻汽车外观和性能等参数值的总和。

（2）汽车故障　汽车部分或完全丧失工作能力的现象。

（3）汽车检测　为确定汽车技术状况或工作能力而进行的检查和测量。

（4）汽车诊断　在不解体（或仅卸下个别小件）的条件下，为确定汽车技术状况或查明故障部位、原因而进行的检测、分析与判断。

（5）故障现象　故障的具体表现。

（6）诊断参数　供诊断用的，表征汽车、总成及机构技术状况的参数。

（7）诊断周期　汽车诊断的间隔期。

（8）诊断标准　对汽车诊断的方法、技术要求和限值等的统一规定。

（9）汽车检测站　从事汽车检测工作的事业性或企业性机构。

（10）汽车诊断站　从事汽车诊断工作的企业性机构。

二、汽车检测诊断的方法

汽车经过长期使用后，随着行驶里程的增加，技术状况将逐渐变坏，出现动力性下降、经济性变差、排气污染增加、可靠性降低和故障率升高等现象。汽车的这一变化过程是必然的，是符合汽车发展规律的。但是若能按一定周期诊断出汽车的技术状况，并采取相应的维护和修理措施，就可以延长汽车的使用寿命。

汽车技术状况的诊断是通过检查、测试、分析、判断等一系列活动完成的。其基本方法主要分为两种：一种是传统的人工经验诊断法；另一种是现代仪器设备诊断法。

1．人工经验诊断法

人工经验诊断法是指诊断人员凭借丰富的实践经验和一定的理论知识，在汽车不解体或局部解体的情况下，借助简单工具，用眼看、耳听、手摸、鼻子闻等手段，边检查、边试验、边分析，进而对汽车技术状况作出判断的一种方法。这种诊断方法具有不需要专用检测设备，可随时随地应用，投资少、见效快等优点。但是，该方法也有诊断速度慢、准确性差、不能进行定量分析和需要诊断人员有较高技术水平等缺点。人工经验诊断法适用于中、小维修企业和汽车队。该方法虽然有一定缺点，但是在相当长的时期内仍有十分重要的实用价值。即使普遍使用了现代仪器设备诊断法，也不能完全脱离人工经验诊断法。即使是专家诊断系统，也是把人脑的分析、判断，通过计算机语言变成了计算机的分析、判断。

2．现代仪器设备诊断法

现代仪器设备诊断法是在人工经验诊断法的基础上发展起来的一种诊断方法。该方法可在不解体的情况下，用现代仪器设备检测汽车、总成和机构的诊断参数，为分析、判断汽车技术状况提供定量依据。采用计算机控制的仪器设备甚至能自动分析、判断、存储并打印汽车的技术状况。现代仪器设备诊断法的优点是检测速度快、准确性高、能定量分析；缺点是投资大、占用厂房、操作人员需要培训等。该诊断方法适用于汽车检测站、大型维修企业和特约维修服务站等，是汽车诊断与检测技术的发展方向。

三、检测系统的组成

在汽车诊断与检测技术作业中，为了获得诊断参数测量值，检测人员需要选择合适的测量仪表、仪器或设备组成检测系统，在一定的测量条件和测量方法下，对汽车进行检测、分析和判断。

一个由一般仪表、仪器构成的检测系统，通常由传感器、交换及测量装置、记录与显示装置、数据处理装置等组成，如图1-1所示。

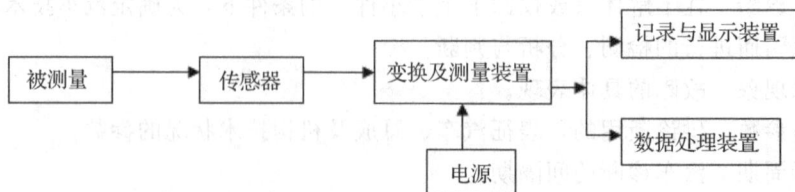

图1-1 检测系统的基本组成

1. 传感器

传感器是一种能够把被测量（物理量、化学量、生物量等）的某种信息拾取出来，并将其转换成有对应关系的、便于测量的电信号的装置。它是一种获取信息的手段，在整个检测系统中占有首要地位。由于它处于检测系统的输入端，所以它的性能直接影响到整个检测系统的工作可靠性。也有将传感器称为变送器、发送器或检测头的，在生物医学及超声检测仪器中常被称为换能器。

汽车检测设备使用的传感器，如果按测量性质分类，可以分为机械量传感器（如位移传感器、力传感器、速度传感器、加速度传感器等）、热工量传感器（如温度传感器等）、化学量传感器和生物量传感器等类型；如果按照输出量的性质分类，可以分为参量型传感器（输出的是电阻、电感、电容等无源电参量，如电阻式传感器、电感式传感器和电容式传感器等）和发电型传感器（输出的是电压和电流信号，如热电偶传感器、光电传感器、磁电传感器和压电传感器）等。

2. 变换及测量装置

变换及测量装置是一种将传感器送来的电信号变换成易于测量的电压或电流信号的装置。这类装置通常包括电桥电路、调制电路、解调电路、阻抗匹配电路、放大电路、运算电路等，能对传感器信号进行放大，对电路进行阻抗匹配、微分、积分、线性化补偿等处理工作，是检测系统里比较复杂的部分。

3. 记录与显示装置

记录与显示装置是一种将变换及测量装置送来的电信号进行记录和显示，使检测人员了解测量值的大小和变化过程的装置。记录和显示装置的显示方式一般有模拟显示、数字显示和图像显示三种。

模拟显示一般利用指针式仪表指示被测量的大小，应用广泛。其优点是结构简单、价格低廉、读数方便和直观，缺点是易造成读数误差。

数字显示直接以十进制数字形式指示被测量的大小，应用越来越广泛。该种显示方式有利于消除读数误差，并且能与计算机联机，使数据处理更方便。

图像显示用记录仪显示并记录被测量处于动态中的变化过程，以描绘出被测量随着时间变化的曲线或图像，作为检测结果，供分析使用。常用的自动记录仪有光线示波器、电子示波器、笔式记录仪和磁带记录仪等。其中，光线示波器具有记录和显示两种功能，电子示波器只具有显示功能，磁带记录器只具有记录功能。

4. 数据处理装置

数据处理装置是一种用来对检测结果（数据或曲线）进行分析、运算、处理的装置，可对大量测量数据进行数理统计分析，对曲线进行拟合，对动态测试结果进行频谱分析、幅值谱分析和能量谱分析等。

知识链接

一、汽车诊断标准

诊断标准是汽车技术标准中的一部分。诊断标准是对汽车诊断方法、技术要求和限值等的统一规定。诊断参数标准仅是对诊断参数限值的统一规定，有时也简称为诊断标准。诊断标准中包括诊断参数标准。

1. 诊断标准的类型

汽车诊断标准与其他技术标准一样，分为国家标准、行业标准、地方标准和企业标准 4 种类型。

（1）国家标准 国家标准是国家制定的标准，冠以中华人民共和国国家标准字样。国家标准一般由行业部委提出，由国家质量监督检验检疫总局批准、发布，全国各级有关单位和个人都要贯彻执行，具有强制性和权威性。例如，《机动车运行安全技术条件》（GB 7258—2012）、点燃式发动机汽车排气污染物排放限值及测量方法（双怠速法及简易工况法）（GB 18285—2005）等都是强制推行的国家标准；《汽车起动性能试验方法》（GB/T 12535—2007）、《汽车道路试验方法通则》（GB/T 12534—1990）等是推荐性国家级标准。

（2）行业标准 该标准也称为部委标准，是部级或国家委员会制定、发布并经国家质量监督检验检疫总局备案的标准，在部委系统内或行业内贯彻执行，一般冠以中华人民共和国某部或某行业标准，也在一定范围内具有强制性和权威性，有关单位和个人也必须贯彻执行。例如，《汽车拖拉机用散热器进、出水口、加热口及盖》（JB 2292—1978）是中华人民共和国机械行业标准，《石油工业用加热炉安全规程》（SY0031—2012）是中华人民共和国石油行业标准，都属于强制性标准；《汽车举升机》（JT/T 105—2004）、《汽车节油产品使用技术条件》（JT/T 306—2007）是中华人民共和国交通行业标准，属于推荐性标准。

（3）地方标准 该标准是省（直辖市、自治区）级、市地级、市县级制定并发布的标准，在地方范围内贯彻执行，也在一定范围内具有强制性和权威性，所属范围内的单位和个人必须贯彻执行。省、市地、市县三级除贯彻执行上级标准外，可根据本地具体情况制定地方标准或率先制定上级没有制定的标准。地方标准中的限值可能比上级标准中的限值要求还要严格。

（4）企业标准 该标准包括汽车制造厂推荐的标准、汽车运输企业和汽车维修企业内部制定的标准、检测设备制造厂推荐的参考性标准三部分。

① 汽车制造厂推荐的标准是汽车制造厂在汽车使用说明书中公布的汽车使用性能参数、结构参数、调整数据和使用极限等，从中选择一部分作为诊断参数标准来使用。该种标准是汽车制造厂根据设计要求和制造水平，为保证汽车的使用性能和技术状况而制定的。

② 汽车运输企业和汽车维修企业内部制定的标准只在企业内部贯彻执行。有条件的企业除贯彻执行上级标准外，往往还能根据本企业的具体情况制定企业标准或率先制定标准。企业标准中有些诊断参数的限值甚至比上级标准还要严格，以保证汽车维修质量和树立良好的企业形象。一般情况下，企业标准应达到国家标准和上级标准的要求，同时允许超过国家标准和上级标准的要求。

③ 检测设备制造厂推荐的参考性标准是检测设备制造厂针对本设备所检测的诊断参数，在尚没有国家标准和行业标准的情况下制定的诊断参数限值，通过检测设备使用说明书提供给使用单位作参考性标准，以判断汽车、总成、机构的技术状况。

任何一级标准的制定和修订，都既要考虑技术性和经济性，又要考虑先进性，并尽量向同类型国家标准靠拢。

2. 诊断参数标准的组成

为了定量地评价汽车、总成及机构的技术状况，确定维护、修理的范围和深度，预报无故障工作里程，单有诊断参数是不够的，还必须建立诊断参数标准，提供一个比较尺度。这样，在检测到诊断参数后将其与诊断参数标准值对照，即可确定汽车是继续运行还是进厂维修。

诊断参数标准一般由初始值 P_f、许用值 P_d 和极限值 P_n 三部分组成。

（1）初始值 P_f　此值相当于无故障新车和大修车诊断参数值，往往是最佳值，可作为新车和大修车的诊断标准。当诊断参数测量值处于初始值范围内时，表明诊断对象技术状况良好，无需维修便可继续运行。

（2）许用值 P_d　诊断参数测量值若在此范围内，则诊断对象技术状况即使发生变化也属正常，无需修理（但应按时维护），可继续运行；超过此值时，勉强许用，但应及时安排维修，否则汽车带病行车，故障率上升，可能行驶不到下一个诊断周期。

（3）极限值 P_n　在诊断参数测量值超过此值后，诊断对象技术状况严重恶化，汽车需立即停驶修理。此时，汽车的动力性、经济性和排气净化性大大降低，行驶安全性得不到保证，有关机件磨损严重，甚至可能发生机械事故。所以，汽车必须立即停驶修理，否则将造成更大损失。

可以看出，通过对汽车进行检测，当诊断参数测量值在许用值以内时，汽车可继续运行；当诊断参数测量值超过极限值时，必须停止运行并进厂修理。因此，将诊断参数测量值与诊断参数标准值进行比较，就可得知汽车技术状况，并做出相应的决断。

诊断参数标准的初始值、许用值和极限值可能是一个单一的数值，也可能是一个数值范围。它们三者之间的关系及诊断参数随着行驶里程变化而变化的情况如图1-2所示。

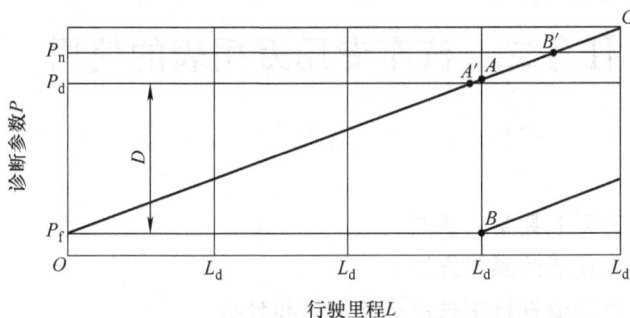

图1-2　诊断参数随着行驶里程变化而变化的情况

注：D 为诊断参数 P 的允许变化范围；L_d 为诊断周期；P_fC 为诊断参数 P 随着行驶里程 L 的变化而变化的情况；A' 为 P 变化至与 P_d 相交时的交点，继续行驶可能发生故障；B' 为 P 变化至与 P_n 相交时的交点，继续行驶可能发生损坏；C 为发生损坏的点；A 为 P 变化至 A' 后可继续行驶，至最近的一个诊断周期采取维修措施的点；AB 表示采取维修措施后，P 降至初始标准 P_f，汽车技术状况恢复。

可以看出，在诊断参数标准 $P_f \sim P_d$ 区间，即 D 区间，是诊断参数 P 允许变化的区间，属于无故障区间；在 $P_d \sim P_n$ 区间，是可能发生故障的区间；在诊断参数 P 超过 P_n 以后，是可能发生损坏的区间。

二、汽车检测设备的使用与维护

汽车检测设备既有一般检测系统，也有智能检测系统，并且智能检测系统的使用越来越广泛。为了使检测设备保持良好的技术状况，必须做好日常使用和维护工作。

① 检测设备的使用环境（如温度、湿度、灰尘、振动等）必须符合其使用说明书的规定，否则应采取必要的措施。

② 在使用指针式检测设备前应检查指针是否在机械零点位置上，否则应进行调整。

③ 若检测设备在使用前需预热，则应预热至规定时间。

④ 应按使用说明书规定的方法对检测设备进行校准和调整，符合要求后才能投入使用。

⑤ 电源开关不宜频繁开启和关闭。

⑥ 检测设备的电源电压应在额定值的±5％范围内。

⑦ 检测设备使用完毕应及时关闭电源，有降温要求的应使机内风扇继续工作数分钟，直至温度降至符合要求为止。

⑧ 要经常检视检测设备传感器的外部状况，若有破损、松动、位移、积尘和受潮等现象，则应及时处理。

⑨ 检测设备上的积尘可定期用毛刷、吸尘器等清除，严禁用有机溶剂和湿布等擦拭内部元器件。

习题：

1. 汽车检测系统由哪几部分组成？
2. 汽车检测诊断的标准有哪几种类型？
3. 如何做好汽车检测设备的维护工作？

任务二　汽车专用万用表的使用

任务目标

1. 了解汽车专用万用表具备的功能。
2. 掌握汽车专用万用表的操作方法。
3. 能用汽车专用万用表进行相关数据的测量和分析。

认识设备

一、汽车专用万用表的功能

在发动机电控系统故障的检测与诊断中，除经常需要检测电压、电阻和电流等参数外，还需要检测转速、闭合角、频宽比（占空比）、频率、压力、时间、电容、电感、温度、半导体器件等。这些参数对发动机电控系统的故障检测与诊断具有重要意义。但是这些参数用一般数字式万用表无法检测，需用专用仪表即汽车专用万用表。汽车专用万用表一般应具备下述功能：

① 测量交、直流电压。考虑到电压的允许变动范围及可能产生的过载，汽车专用万用表应能测量大于40V的电压值，但测量范围也不能过大，否则读数的精度下降。

② 测量电阻。汽车专用万用表应能测量 1MΩ 的电阻，测量范围大一些使用起来较方便。

③ 测量电流。汽车专用万用表应能测量大于 10A 的电流，若测量范围再小则使用不方便。

④ 记忆最大值和最小值。该功能用于检查某电路的瞬间故障。

⑤ 模拟条显示。该功能用于观测连续变化的数据。

⑥ 测量脉冲波形的频宽比和点火线圈一次电流的闭合角。该功能用于检测喷油器、急速稳定控制阀、EGR 电磁阀及点火系统等的工作状况。

⑦ 测量转速。

⑧ 输出脉冲信号。该功能用于检测无分电器点火系统的故障。

⑨ 测量传感器输出的电信号频率。

⑩ 测量二极管的性能。

⑪ 测量大电流。配置电流传感器（霍尔式电流传感夹）后，可以测量大电流。

⑫ 测量温度。配置温度传感器后可以检测冷却液温度、尾气温度和进气温度等。

二、汽车专用万用表面板

目前我国生产的汽车专用万用表（如胜利—98 以及笛威 TWAY9206、DY2201、TWAY9406A 和 EDA—230 等）都具有上述功能。有些汽车专用万用表除了具有上述基本功能外，还有一些扩展功能。例如，EDA—230 型汽车专用万用表在配用真空/压力转换器（附件）后可以测量压力和真空度，并且还具有背光显示功能（使显示数据在光线较暗时也能被看清楚）。

图 1-3 和图 1-4 所示为 DY2201 型汽车专用万用表面板及插孔。

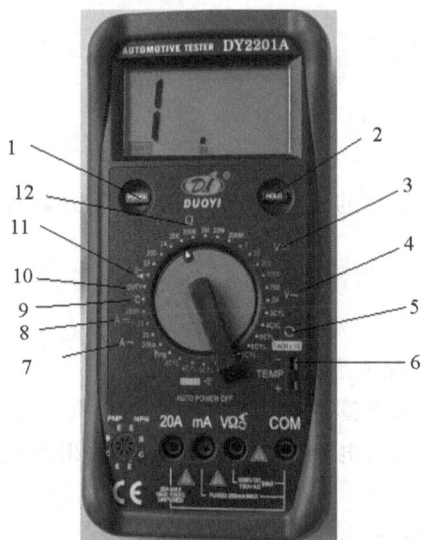

图 1-3　DY2201 型汽车专用万用表面板
1—电源开关　2—屏幕锁定　3—直流电压　4—交流
电压　5—转速　6—温度插孔　7—交流电流
8—直流电流　9—温度　10—占空比　11—蜂
鸣挡检测二极管　12—电阻

图 1-4　DY2201 型汽车专用万用表插孔
1—测量电流时接　2—其他时接　3—接黑表笔

7

任务实施

一、准备工作

准备汽车专用万用表一块以及电阻、二极管等被测件。

二、实施步骤

将"POWER"钮按下，如果电池电量不足，则显示屏左上方会显示"🔋"符号，需要更换电池再使用。

选择所需要的功能及量程。

1. 直流电压的测量

① 将功能/量程开关置于"DCV"量程范围。

② 将黑色表笔插入"COM"插孔，红色笔插入显露的表笔插孔，并将表笔并联接在被测负载或信号源上，仪表在显示电压读数的同时会指示出红表笔的极性。

③ 读取直流电压值。

> 注意：
>
> a. 若在测量前不知被测电压范围，则应将功能/量程开关置于最高量程挡。
>
> b. 当只显示最高位"1"时，说明被测量电压已超过使用的量程，应改用更高量程测量。
>
> c. "⚠"表示不要测量高于1000V的电压，虽然有可能显示读数，但是可能会损坏万用表。
>
> d. 测量高压时应特别注意安全。

2. 交流电压的测量

① 将功能/量程开关置于"ACV"量程范围。

② 将黑色表笔插入"COM"插孔，红表笔插入显露的表笔插孔，并将表笔并联接在被测量负载或信号源上。

③ 读取交流电压值。

3. 直流电流的测量

① 拔出表笔，将功能/量程开关置于"DCA"量程范围。

② 将黑色表笔插入"COM"插孔，红色表笔插入显露的表笔插孔（mA插孔或20A插孔），并将测试表笔串联接入被测试电路中，仪表在显示电流读数的同时会指示出红色表笔的极性。

4. 交流电流的测量

① 拔出表笔，将功能/量程开关置于"ACA"量程范围。

② 将黑色表笔插入"COM"插孔，红色表笔插入显露的表笔插孔（mA插孔或20A插孔），并将测试表笔串联接入被测电路。

③ 读取电流值。

5. 电阻的测量

① 将功能/量程开关置于所需电阻量程范围。

② 将黑色表笔插入 "COM" 插孔，红色表笔插入显露的插孔，并将测试表笔跨接在被测电阻的两端。

③ 读取电阻值。

> 注意：
>
> a. 当输入开路时，仪表处于测量状态，只显示最高位 "1"。
>
> b. 当被测量电阻的阻值在 1MΩ 以上时，需数秒后才能稳定读数，对高电阻的测量来说这是正常的。
>
> c. 检测在线电阻时，应关闭被测电路的电源，并使被测电路中电容放完电，才能进行测量。

6. 占空比的测量

① 把功能/量程开关置于 "Duty" 挡。

② 将黑色表笔插入 "COM" 孔，红色表笔或电缆芯线插入显露的表笔插孔。

③ 读取占空比。

7. 温度的测量

测量温度时，把功能/量程开关置于 "℃" 挡，并将热电偶的冷端（插头）插入仪表的温度测量插座中，注意 "＋、－" 极性；热电偶的热端（测量端）置于测温点，从仪表显示屏上读取温度值，读数为摄氏度。

8. 晶体管 h_{FE} 参数的测试

① 将功能/量程开关置于 "h_{FE}" 挡。

② 先认定晶体管是 PNP 型还是 NPN 型，再将被测管的 E、B、C 三脚插入仪表相应的插孔内。

③ 仪表显示的是 h_{FE} 的近似值，测试条件为：基极电流约为 $10\mu A$，U_{ce} 约为 2.8V。

9. 二极管的测试

① 将功能/量程开关置于 "⊬" 挡。

② 将黑表笔插入 "COM" 插孔，红表笔插入显露的表笔插孔，并将表笔跨接于被测二极管两端，仪表显示二极管正向压降，单位为 "V"；当二极管反接时显示超量程。

10. 通断测试

① 将功能/量程开关置于 "·))" 挡。

② 将黑表笔插入 COM 孔，红表笔插入显露的表笔插孔，并将测试表笔跨接在待检测线路两端。

③ 被检查的两点之间的电阻值约小于 70Ω 时，蜂鸣器会发出响声。

11. 转速的测量

① 将黑表笔插入 "COM" 插孔，红表笔插入转速测量专用插孔。

② 根据所测发动机缸数，将功能/量程开关置于所需的 "TACH" 量程上。

③ 将黑表笔搭铁或接蓄电池负极，红表笔接分电器低压接线柱或点火线圈"—"端。

④ 起动发动机，将从仪表上读出的数据乘以 10 即为发动机转速，单位为 r/min。

知识链接

用汽车专用万用表检测汽车电控系统时应注意的问题

① 除在测试过程中特殊指明外，均不能用指针式万用表测试汽车电脑和传感器，应使用高阻抗数字式万用表测量，并且其内阻应不低于 10kΩ。

② 首先检查熔丝、易熔线和接线端子的状况，在排除这些地方的故障后再用汽车专用万用表进行检查。

③ 在测量电压时，点火开关应接通（ON），蓄电池电压应不低于 11V。

④ 在用汽车专用万用表检查防水型插接器时，应小心取下皮套（见图 1-5a），将测试表笔插入插接器检查时不可对端子用力过大，如图 1-5b 所示。检测时，测试表笔可以从带有配线的后端插入（见图 1-6a）所示，也可以从没有配线的前端插入，如图 1-6b 所示。

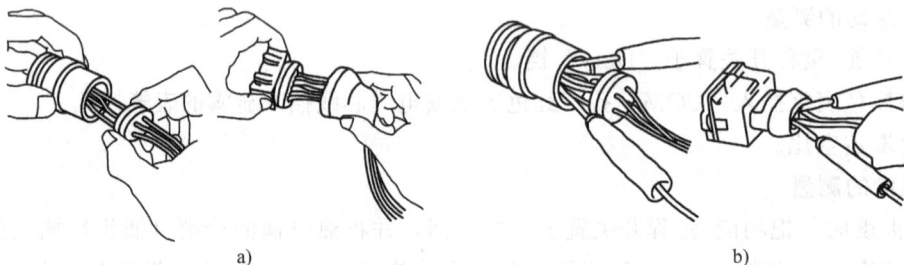

a)   b)

图 1-5　检查防水型插接器

⑤ 测量电阻时要在垂直和水平方向轻轻摇动导线，以提高准确性。

⑥ 检查线路断路故障时，应先脱开汽车电脑和相应传感器的插接器，然后测量插接器相应端子间的电阻，以确定是否有断路或接触不良故障。

⑦ 检查线路搭铁短路故障时，应拆开线路两端的插接器，然后测量插接器被测端子与车身（搭铁）之间的电阻值，若电阻值大于 1MΩ，则无故障。

⑧ 在拆卸发动机电子控制系统线路之前，应首先切断电源，即将点火开关断开（OFF），拆下蓄电池极柱上的接线。

配线

a)   b)

图 1-6　将测试表笔插入插接器

⑨ 插接器上接地端子的符号因车型的不同而不同，应注意对照维修手册辨认。

⑩ 测量两个端子间或两条线路间的电压时，应将万用表（电压挡）的两个表笔与被测量的两个端子或两根导线接触，如图 1-7a 所示。

⑪ 测量某个端子或某条线路的电压时，应将汽车专用万用表的正表笔与被测的端子或线路接触，而将负表笔与地线接触，如图 1-7b 所示。

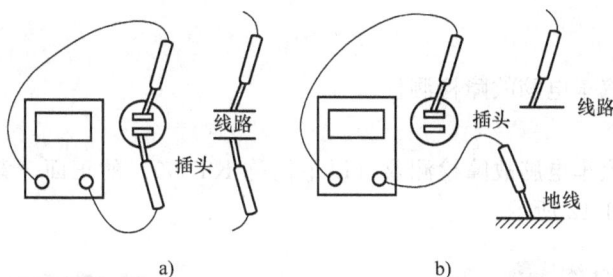

图 1-7　用汽车专用万用表测量端子或线路的电压

⑫ 检查端子、触点或导线等的导通性是指检查端子、触点或导线等是否通电，可用汽车专用万用表电阻挡测量其电阻值的方法进行检查，如图 1-8 所示。

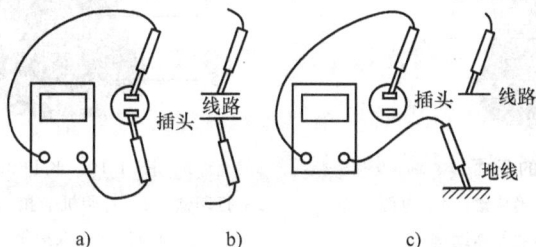

图 1-8　用汽车专用万用表检测端子、触点或导线等的导通性
a）检查端子间的导通性　b）检查导线间的导通性　c）检查端子与地线间、导线与地线间的导通性

⑬ 在测量电阻或电压时，一般要将插接器拆开，这样就将插接器分成了两部分，其中一部分称为某传感器（或执行部件）插接器，另一部分称为某传感器（或执行部件）导线束插接器或导线束一侧的某传感器（或执行部件）插接器（或插接器套）。例如，拆下喷油器上的插接器后，其中一部分称为喷油器插接器，另一部分则称为喷油器导线束插接器或导线一侧的喷油器插接器。在测量时，应弄清楚是哪一部分插接器。

⑭ 所有传感器、继电器等装置都是和汽车电脑连接的，而汽车电脑又通过导线和执行部件连接，所以在检查故障时，可以在汽车电脑插接器的相应端子上进行测试。

习题：
1. 汽车专用万用表的功能有哪些？
2. 用汽车专用万用表检测汽车电控系统时应该注意哪些问题？

任务三　汽车电脑故障检测仪的使用

任务目标

1. 了解金德 KT600 型汽车电脑故障检测仪的结构。
2. 掌握利用金德 KT600 型汽车电脑故障检测仪进行故障诊断的方法及步骤。

认识设备

金德 KT600 型汽车电脑故障检测仪

1. 外形

金德 KT600 型汽车电脑故障检测仪（以下简称 KT600）的正面、背面、上接口、下接口分别如图 1-9～图 1-12 所示。

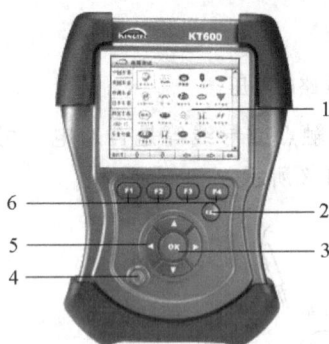

图 1-9　KT600 的正面

1—触摸屏　2—退出键　3—确认键　4—电源
5—方向选择键　6—多功能辅助键

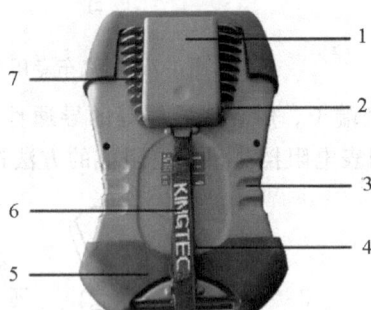

图 1-10　KT600 的背面

1—打印盒　2—打印机卡扣　3—手持处　4—卡锁
5—胶套　6—保护带　7—触摸笔槽

图 1-11　KT600 的上接口

1—网线接口　2—外挂键盘
3—CF 卡插槽　4—主机供电

图 1-12　KT600 的下接口

1—数据通信灯　2—测试端口　3—信号灯

2. 供电方式

KT600 主机有 4 种供电方式，可以根据需要进行选择。

① 交流电源供电：找到机箱内 KT600 标准配置的电源适配器，其中一端连接在仪器的电源供电端口上，另一端接至 100～240V 交流插座。

② 汽车蓄电池供电：找到机箱内 KT600 标准配置中的电源延长线和汽车鳄鱼夹，其中一端连接在仪器的电源供电端口上，另一端接至汽车蓄电池。

③ 点烟器供电：找到机箱内 KT600 标准配置中的电源延长线以及汽车上的点烟器，其中一端连接在仪器的电源供电端口上，另一端接至汽车点烟器。

④ 通过诊断座供电。

3. 开机

连接好主机电源后，按下 KT600 正面左下角的电源开关按钮，屏幕先出现下载条，等待一段时间后进入启动界面。

4. 任务模块

进入主界面后，可以看到 KT600 提供的四大任务模块：汽车诊断功能、系统设置功能、示波分析仪功能、辅助功能。可以通过点击触摸屏上的各个功能模块进入相应功能的操作界面。

任务实施

一、器材准备

常用 46 件套工具一套、金德 KT600 型汽车电脑故障检测仪一套、完好的汽油车一辆。

二、实施步骤

1. 一般测试条件

① 打开汽车电源开关。

② 汽车蓄电池电压应为 11～14V，KT600 的额定电压为 DC 12V。

③ 节气门应处于关闭状态，即急速结合点闭合。

④ 点火正时和急速应在标准范围内，冷却液温度和变速器油温应达到正常工作温度（冷却液温度为 90～110℃，变速器油温为 50～80℃）。

2. 选择测试插头和诊断座

KT600 配有多种测试插头，根据诊断界面的提示选择相应的测试插头。

3. 设备的连接

① 将 KT600 诊断盒插入诊断插槽，注意插入方向，将印有"UP"字样的一面朝上。

② 确定诊断座的位置、形状以及是否需要外接电源。

③ 根据车型及诊断座的形状选择相应的插头。

④ 将测试延长线的一端插入 KT600 的测试口内，另一端连接测试插头。

⑤ 将连接好测试延长线的测试插头插到车辆的诊断座上。

> 注意：一定要先连接好主机、测试延长线和诊断插头，再把测试插头连接到诊断座上，否则容易导致连接过程中因导线短路而造成诊断座熔丝熔化。

4. 进入诊断系统

① 连接好仪器，接通电源，起动 KT600 进入主菜单，选择汽车诊断模块，如图 1-13 所示。KT600 汽车诊断程序以车标图形为按钮，单击某汽车相应的车标图形即可对该车进行诊断。

② 选择相应的车标图形进行故障测试。例如，单击"中国车系"下的奥迪大众图标，屏幕显示该车型的诊断信息，V02.32 为当前仪器内该车型的诊断车型版本号（根据测试版本的不同，该版本号在程序升级后会随之改变），如图 1-14 所示。

③ 单击"选择系统"，进入下一级操作界面，如图 1-15 所示。KT600 可以诊断目前我国产所有奥迪大众车型，还有斯科达系列、SEAT 系列、装备有博世电控系统的小红旗和一

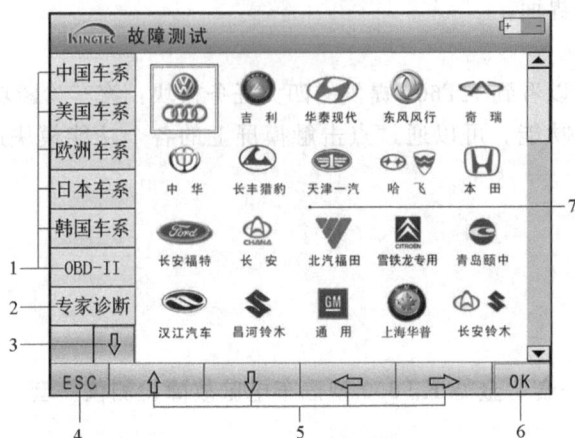

图 1-13　KT600 主菜单

1—车系选择　2—专家诊断　3—滚动按钮　4—"ESC"按钮　5—方向选择　6—"OK"按钮　7—选择车型

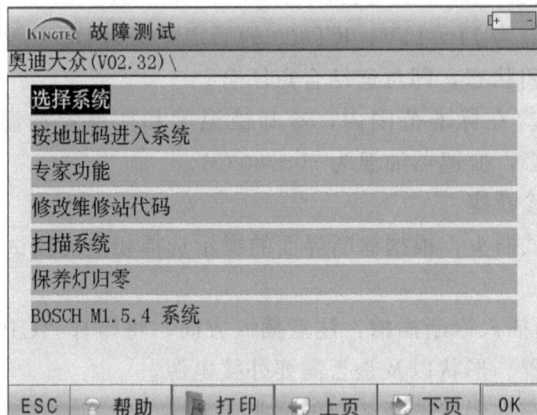

图 1-14　单击"选择系统"

些微型车，也可以测试原厂 88 个电子控制系统。

其测试功能包括读取汽车电脑型号、读取故障码、清除故障码、读取动态数据流、基本设定、控制器编码、元器件控制测试、各种调整匹配、清除自适应值、系统登录、防盗钥匙匹配等。

说明：不同系统的测试方法相似，下面以发动机系统为例进行说明。

选择"01-发动机"（见图 1-15），进入下一级界面。

④ 读取汽车电脑版本号。在系统功能选择菜单中选择"01-读取车辆电脑型号"，读取被测试系统的电脑信息，包括版本号、CODING 号、服务站代码以及相关信息，如图 1-16 所示。

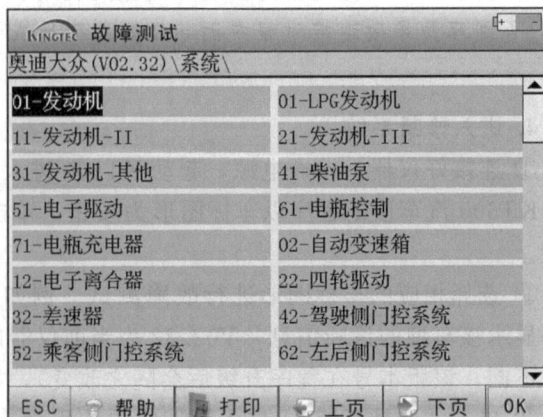

图 1-15　选择"01-发动机"

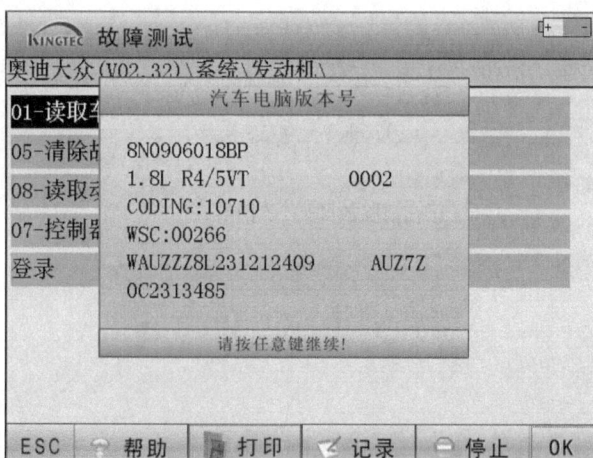

图 1-16　读取汽车电脑版本号

按任意键或单击屏幕将会显示下一屏相关信息，按"ESC"按钮返回上一级。

⑤ 读取故障码。此项功能可以读取被测试系统 ECU 存储器内的故障码，帮助维修人员快速查到引起车辆故障的原因。在系统功能选择菜单中选择"02-读取故障码"，系统开始检测汽车电脑随机存储器（ROM）中存储的故障记忆内容，测试完毕屏幕显示出测试结果，如图 1-17 所示。

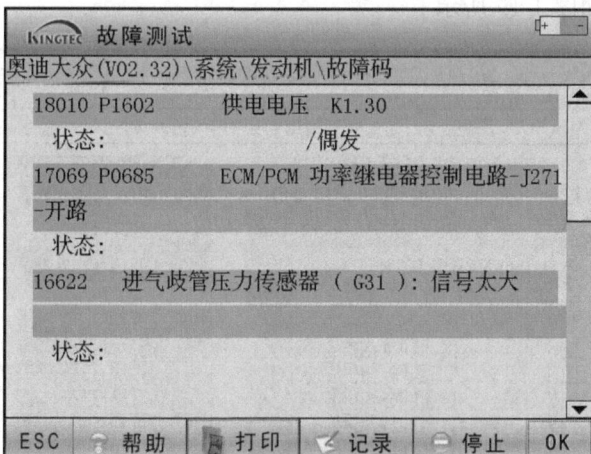

图 1-17　读取故障码

通过滚动条滚动屏幕查看所有故障码信息。若所测试系统无故障码，则屏幕显示"系统正常"字样，选择"ESC"按钮返回上一级菜单。

⑥ 清除故障码。在系统功能选择菜单中选择"05-清除故障码"进入操作界面，如图 1-18 所示。

此项功能可以清除被测试系统 ECU 内存储的故障码，一般车型按照常规顺序操作：先读故障码并记录（或打印），然后再清除故障码，试车，再次读取故障码进行验证，维修车辆，清除故障码，再次试车，确认故障码不再出现。

当前硬性故障码是不能被清除的，如果是氧传感器、爆燃传感器、混合气修正、气缸失

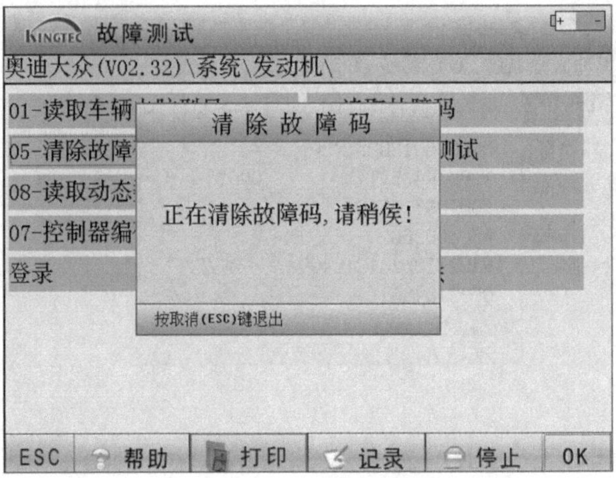

图 1-18　清除故障码

火之类的技术型故障码，虽然能立即清除，但在一定周期内还会出现。只有彻底排除故障，故障码才不会再出现。

⑦ 元件控制测试。此项功能可以检查执行元件的电路工作状况。在进行执行元件控制测试时，可以观察该执行元件是否正常工作，如果该执行元件不正常工作，则需要检查相关元器件、插头线束或机械部位是否存在故障。在系统功能选择菜单中选择 "03-元件控制测试" 进入操作界面，如图 1-19 所示。

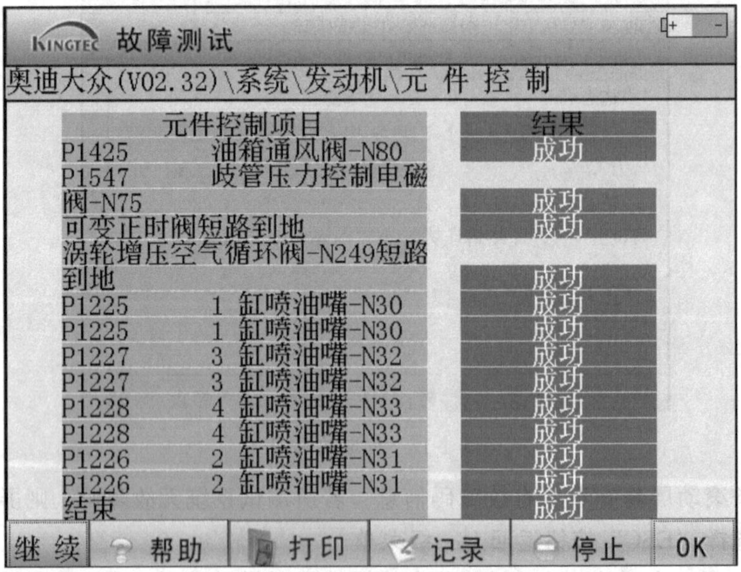

图 1-19　元件控制测试

此时仪表板系统将会进行模拟显示，可以观察仪表是否存在故障。按任意键或单击屏幕进入元件的测试界面，此时仪表板上所有的警告灯将会显示，从而可以判断仪表警告灯或者线路是否有故障。单击 "继续" 按钮进入下一元件的测试，方法同前，直到将被测试系统的元件全部测试结束，按 "ESC" 按钮返回系统功能选择菜单。

⑧ 读取动态数据流。在系统功能选择菜单中选择"08-读取动态数据流",进入操作界面。例如,进入奥迪大众的测试系统,仪器默认读取 1、2、3 组数据流(见图 1-20),用户可以通过单击屏幕界面上的组号调节框顺序增减组号大小,选择不同的数据流组;或者可以直接单击组号框,利用界面弹出的小键盘输入具体的数据流组号。因此,通过此项功能,用户可以读取到任意组的动态数据流。

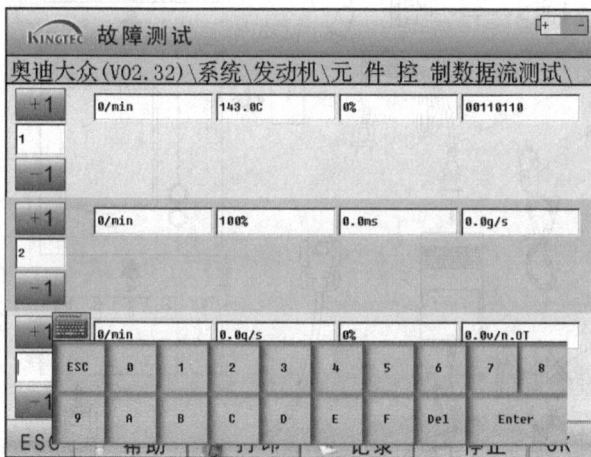

图 1-20　读取数据流

📚 **知识链接**

利用 X—431 进行故障检测

X—431 电眼睛是最新一代汽车电脑故障检测仪。它是汽车电子应用技术和信息网络技术完美集成的产品,所采用的开放式汽车诊断技术代表着当今世界汽车诊断技术的最高水平,同时也是该技术未来的发展方向和最佳解决方案。

一、基本配置

X—431 主机外观如图 1-21 所示。

图 1-21　X—431 主机外观

其基本配置如图 1-22 所示。图 1-22 中序号代表的组成部分的名称及功能见表 1-1。

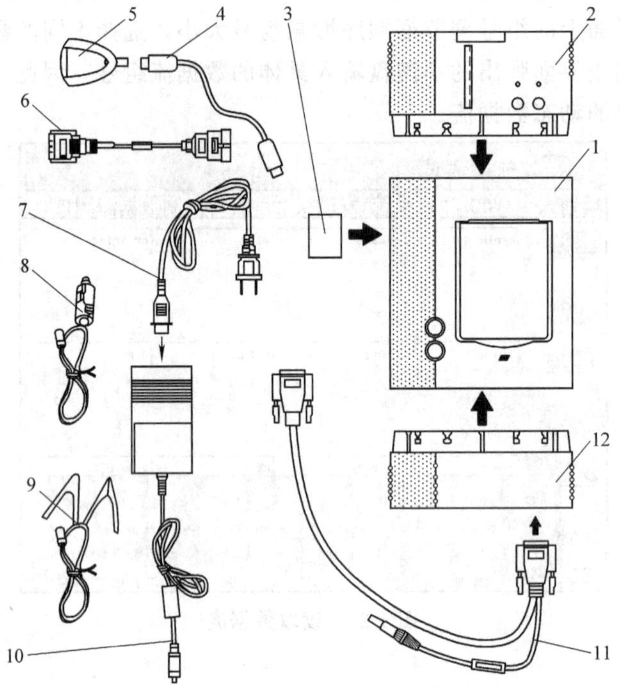

图 1-22 X—431 基本配置

表 1-1 图 1-22 中序号代表的组成部分的名称及功能

序　号	名　　称	功　　能
1	主机屏幕	可显示操作按钮、测试结果和帮助信息
2	迷你打印机	打印测试结果，是选用件
3	CF 卡	存储诊断程序和数据
4	USB 电缆	连接 CF 卡读写器和汽车电脑
5	CF 卡读写器	在 CF 卡上读取和存储数据
6	测试插头	用于连接汽车诊断座
7	电源转接线	连接 100～240V 交流电源插座和开关电源
8	点烟器线	从汽车点烟器获取电源
9	双钳电源线	从汽车蓄电池获取电源
10	开关电源	将 100～240V 交流电源转换为 12V 直流电源
11	测试主线	连接测试插头和 SMARTBOX
12	SMARTBOX	诊断测试盒

二、开机

接通主机电源，按下主机面板上的〈电源〉键，显示校正触摸屏提示，等待后进入启动画面，如图 1-23 所示。按住〈电源〉键 2s 以上，关闭主机。

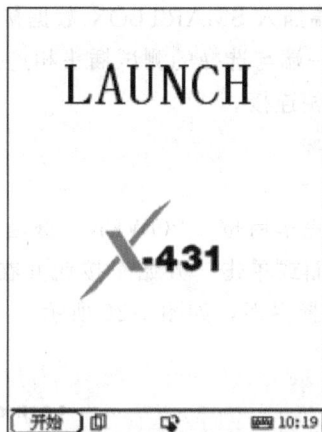

图 1-23　开机

三、任务栏

在 X—431 各操作界面下面有一条任务栏（如左侧方块内的区域），内有多个图标，如图 1-24 所示，各图标功能如下：

"开始"按钮：使用方法类似 Windows。用手写笔单击后，弹出开始菜单，内容包含 X—431 的主要功能。

活动任务图标：单击可显示当前开启的界面，可在各界面间进行切换。

翻转按钮：使画面翻转 180°，便于操作。

软键盘图标：显示与隐藏软键盘，激活（显示）软键盘后，有三种输入方式可供选择，即手写输入、英文输入、拼音输入。

当前时间：当前时间的设定。

图 1-24　任务栏

四、诊断步骤

1. 一般测试条件

① 打开汽车电源开关。

② 汽车蓄电池电压应为 11~14V，X—431 的额定电压为 DC 12V。

③ 节气门应处于关闭状态，即怠速结合点闭合。

④ 点火正时和怠速应在标准范围内，冷却液温度和变速器油温应达到正常工作温度（冷却液温度为 90~110℃，变速器油温为 50~80℃）。

2. 选择测试插头和诊断座

X—431 配有多种测试插头，测试时，应根据汽车诊断座的类型选择相应的测试插头。

3. 连接 X—431

X—431 的连接步骤如下：

① 将 CF 卡插入 X—431 的 CF 卡插槽内，注意使印有 "UP SIDE" 字样的一面朝上，且确保插入到位。

② 将 X—431 测试主线的一端插入 SMARTBOX 数据接口内。

③ 将 X—431 测试主线的另一端与选择的测试插头相连接。

④ 将测试插头与汽车诊断座相连接。

X—431 的连接如图 1-25 所示。

4. 进入诊断系统

① 进入模式选择菜单，连接完毕后按〈POWER〉键启动 X—431，启动后按〈HOT-KEY〉键直接进入汽车诊断主界面或单击"开始"按钮并在其弹出的菜单中选择"诊断程序""汽车解码程序"进入模式选择界面，如图 1-26 所示。

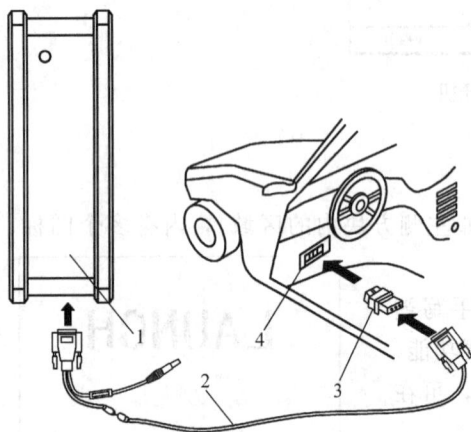

图 1-25 X—431 的连接

1—SMARTBOX 2—测试主线 3—测试插头 4—诊断座

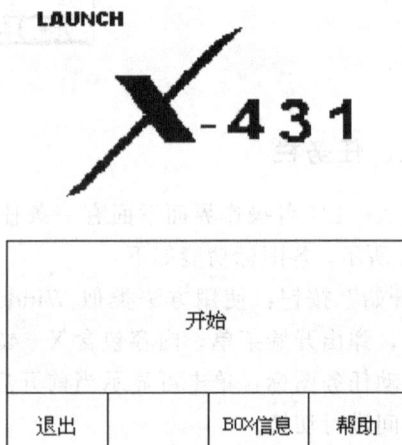

图 1-26 进入模式选择界面

② 单击"开始"按钮，屏幕显示车系选择菜单，如图 1-27 所示。

③ 单击上海大众图标（以上海大众为例，其他车型操作基本相同），屏幕显示上海大众诊断程序版本选择菜单，如图 1-28 所示。

图 1-27 车系选择菜单

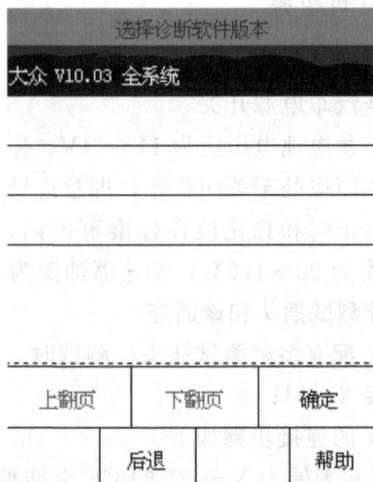

图 1-28 显示上海大众诊断程序版本

④ 单击"大众 V10.03 全系统"，屏幕显示本程序可诊断 2003 年以前的上海大众车系电控系统，包括动力、底盘、车身、信息、空调等近百个电控系统，如图 1-29 所示。

⑤ 单击"确定"按钮，X—431 将对 SMARTBOX 进行复位和检测，并从 CF 卡下载诊断程序。下载完毕后屏幕显示如图 1-30 所示。

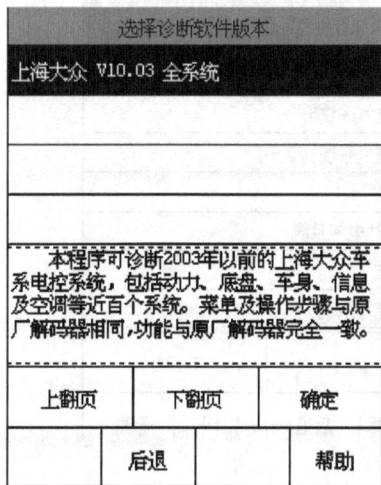

图 1-29　单击"大众 V10.03 全系统"

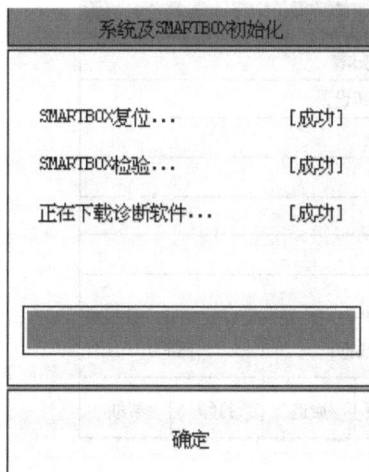

图 1-30　SMARTBOX 初始化

⑥ 单击"确定"按钮，屏幕显示可测试的车型。这里只以上汽大众发动机为例进行说明，其他车型和系统测试功能与此相似，可参照此界面或提示进行操作，如图 1-31 所示。

⑦ 在上汽大众可测车型菜单中单击"上汽大众"，屏幕显示有两种模式可选择，即普通模式和专家模式，如图 1-32 所示。两者的主要区别在于：在专家模式下对故障码和数据流有帮助信息，可以查看专家的分析。

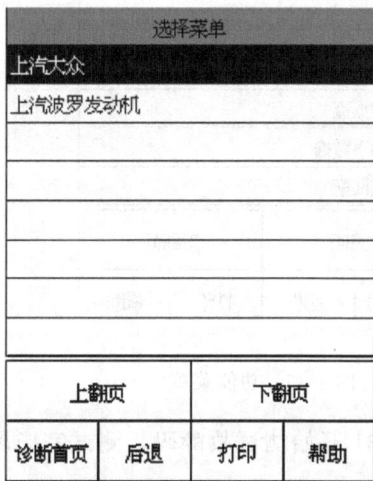

图 1-31　选择车型

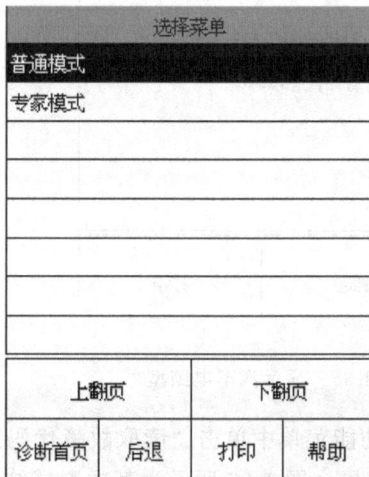

图 1-32　选择模式

⑧ 单击"普通模式",进入功能选择菜单,如图1-33所示。

⑨ 单击"快速数据流诊断",屏幕显示测试系统菜单。测试系统菜单内容有多页,可单击"下翻页",查看下一页,如图1-34所示。

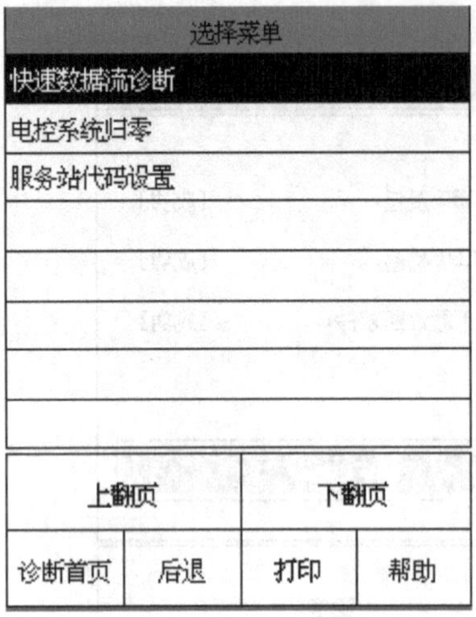

图1-33　功能选择菜单

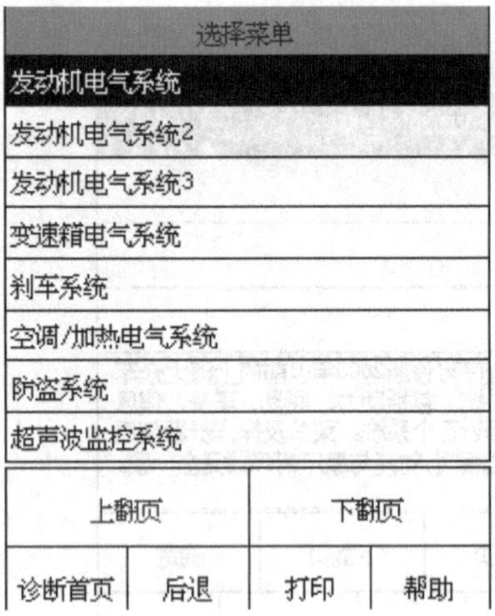

图1-34　测试系统菜单

⑩ 单击"发动机电气系统",如果通信成功,则屏幕显示汽车电脑型号,如图1-35所示。单击"确定"按钮,屏幕显示功能菜单,如图1-36所示。

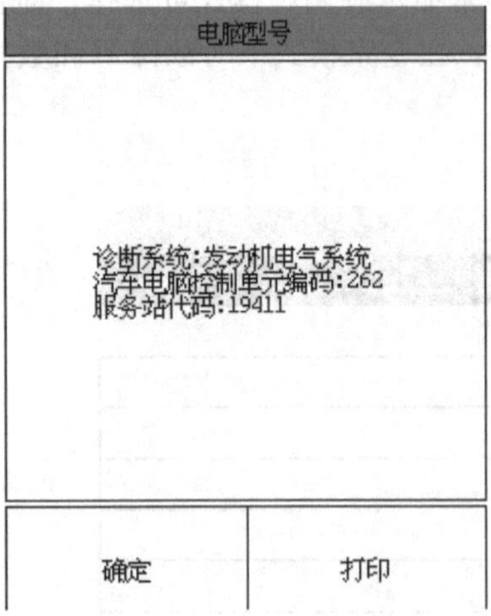

图1-35　显示汽车电脑型号

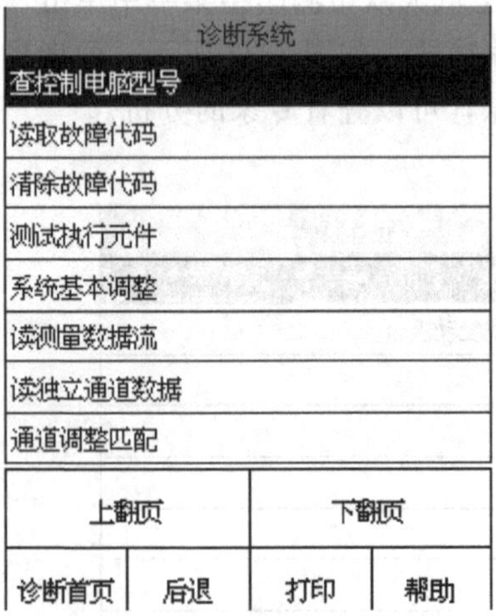

图1-36　功能菜单

⑪ 在功能菜单中单击"读取故障代码"选项,X—431开始测试故障码,测试完毕屏幕显示测试结果。图1-37所示为某次测试结果。

⑫ 如果所测试系统无故障码,则屏幕显示图1-38所示的信息,单击"确定"按钮返回功能菜单。

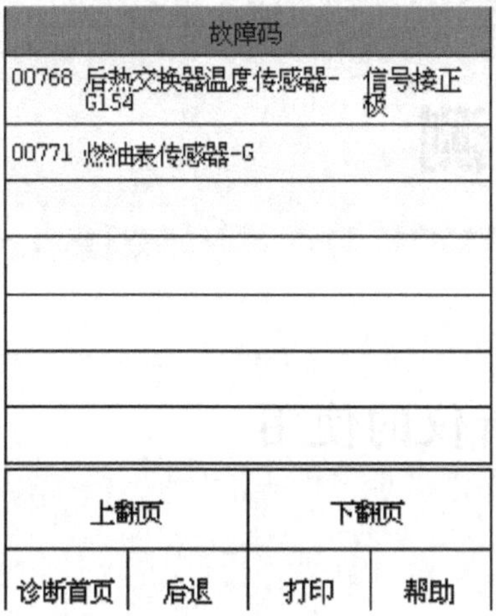

图 1-37 某次测试结果

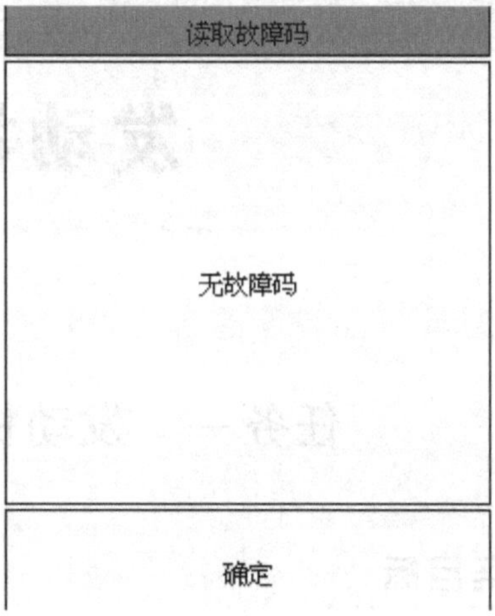

图 1-38 无故障码

⑬ 在功能菜单中单击"清除故障代码"选项，X—431 开始清除故障码，清除故障码完毕，屏幕显示仍未清除的故障码。图 1-39 所示为某次清除故障码后显示的结果。如果所有故障码已被清除或所测系统无故障码，则屏幕显示无故障码。

其他控制系统的操作可参照以上步骤，按照提示进行。

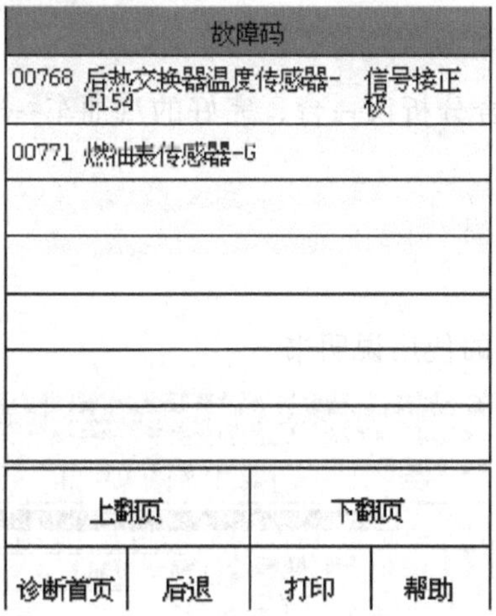

图 1-39 某次清除故障码后显示的结果

习题：

1. 如何利用 KT600 读取基本数据流？
2. 如何利用 X—431 读取故障码？

发动机的检测

任务一 发动机综合分析仪的使用

任务目标

1. 了解发动机综合分析仪的功能。
2. 掌握发动机综合分析仪的操作方法。
3. 能用发动机综合分析仪进行相关数据的测量和分析。

任务实施

一、器材准备

常用工具一套、发动机综合分析仪一台、完好的汽油车一辆。

二、实施步骤

1. 基本准备工作

① 使用前应仔细阅读仪器的使用说明书。

② 在将信号提取系统连接到被测车辆前，事先开启仪器电源预热 20min。

③ 在连接仪器与发动机间的测试线时，发动机必须停止运行，点火开关置于"OFF"位置。

④ 按说明书的要求接好测试线和传感器。

2. 主机系统准备工作

开启主机电源，主机进入系统自检画面，通过系统自检后，首先进入用户数据录入界面（见图 2-1），用户

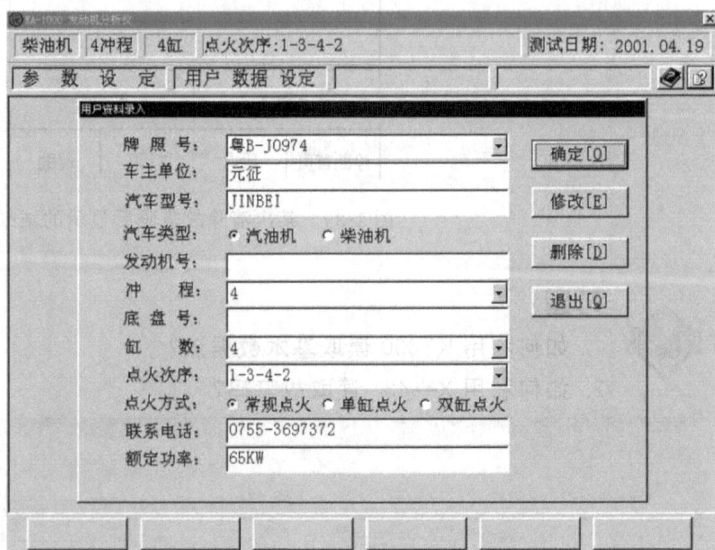

图 2-1 用户数据录入界面

在这里输入被测试汽车的有关数据。

　　用户将数据输入后,单击"确定"按钮,系统将进入测试项目主菜单,如图 2-2 所示。其中,左边是测试项目分类,右边是某个项目对应的测试子菜单,用户可根据需要选择测试项目。

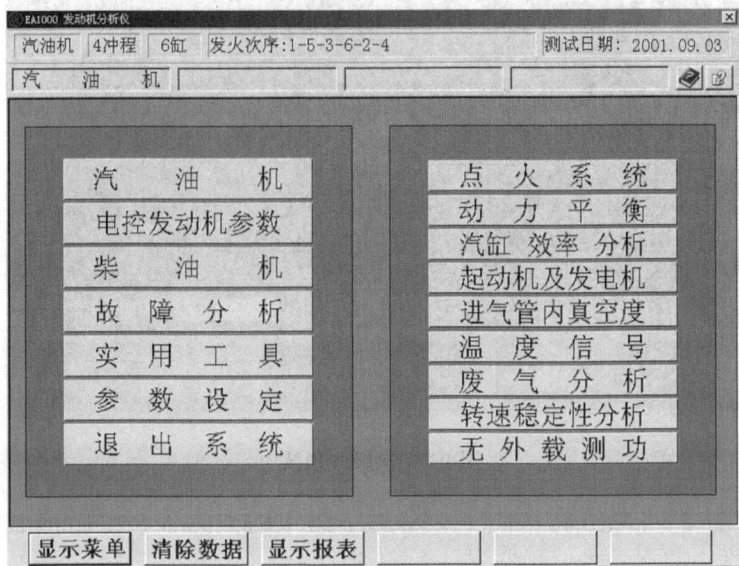

图 2-2　测试项目主菜单

3. 点火波形测试

　　① 对于传统的点火系统,在检测之前,先将次级高压信号感应钳夹在高压中心线上,再将第 1 缸信号感应钳夹在第 1 缸高压线上,然后将初级红、黑色夹分别夹在点火线圈接线柱上,如图 2-3 所示。

　　② 将发动机置于怠速状态。

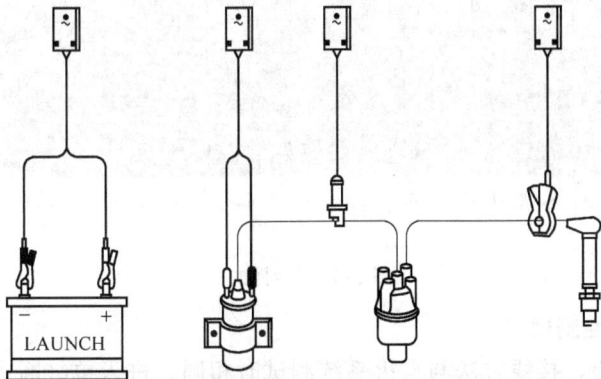

图 2-3　测试传统点火波形时的接线方法

　　③ 主机选择传统点火系统,可进一步选择初级或次级波形测试。当选择次级波形测试时,可分别观察到次级并列波(见图 2-4)、平列波(见图 2-5)或重叠波(见图 2-6)等波形。

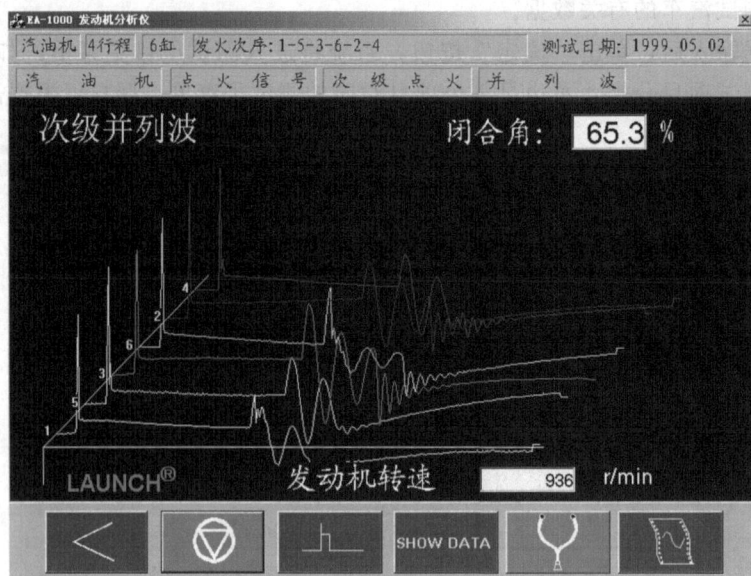

图 2-4　次级并列波

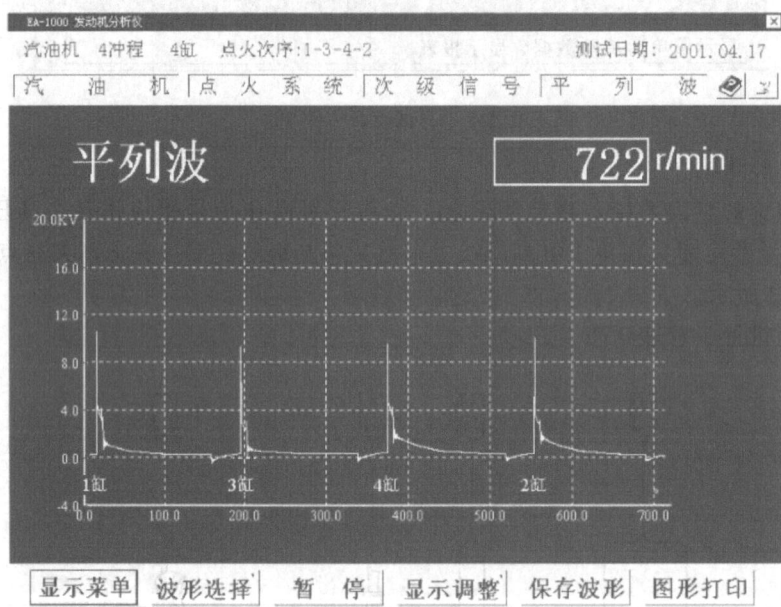

图 2-5　平列波

4. 气缸工作均匀性测试

此即单缸断火试验，接线方法与点火系统测试时相同。进入单缸断火测试菜单后，汽车电脑会发出指令，逐个将点火线圈的初级绕组短路，使各缸依次断火，并在屏幕上显示出各缸转速下降数值和百分比。每次断缸或恢复大约需要 5s。

5. 起动测试与发电测试

（1）接线　在测试前，需将大电流钳夹在与蓄电池相连的电动机电流线上，大电流钳的

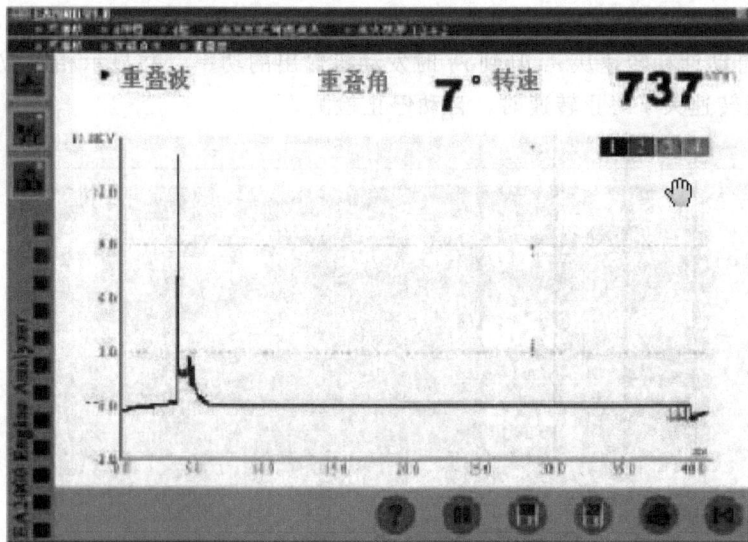

图 2-6　重叠波

箭头方向应与电流流向相同，然后将充电电压探针接在发电机正极上，将蓄电池电压拾取器的红、黑夹分别夹在蓄电池正、负极上，将小电流钳夹在与蓄电池相连的充电电流线上（箭头指向与电流流向相同），将第 1 缸信号钳夹在第 1 缸高压线上。

（2）起动测试　在主菜单下选择"汽油机"→"起动机及发电机"，单击"测试项目"，选择"起动测试"，即进入起动测试界面。

单击"测试"按钮，起动发动机，系统即开始测试起动电压、起动电流、蓄电池电压等并显示出起动电流曲线。注意，"起动"按钮被单击后即变成"停止"按钮，单击后即可停止操作。

（3）充电测试　同上面第（2）项，在"测试项目"中选择"充电测试"，即进入充电电压测试界面。

单击"测试"按钮，系统即可测试充电电压波形并显示发动机当前转速、蓄电池电压、充电电流等数值。

6. 转速稳定性分析

该项测试可用于检验发动机的怠速稳定性。

测试前，将第 1 缸信号钳夹在第 1 缸高压线上，并起动发动机。

测试时，在主菜单下选择"汽油机"→"转速稳定性分析"，系统即进入转速测试，并显示实时测试转速以及最高转速和最低转速等数据。

7. 无外载测功试验

① 接好蓄电池电压线和第 1 缸信号线，并将发动机充分暖车。

② 进入发动机分析仪的主菜单后，选择"无外载测功"子菜单，设定起始转速 n_1（可略高于发动机怠速）和终止转速 n_2（约为发动机最高转速的 80%），并输入当量转动惯量数值。

③ 在驾驶人准备好后，操作人员按下"测试"按钮，显示器开始显示倒计时，当计数到零时，迅速踩下加速踏板，发动机转速迅速提高，当达到发动机最高转速时，松开加速踏

板，使发动机回到怠速工况。

④ 计算机自动计算转速从 n_1 升到 n_2 时发动机输出的功率，并显示相应数据，如图 2-7 所示。当发动机转速大于终止转速时，自动停止检测。

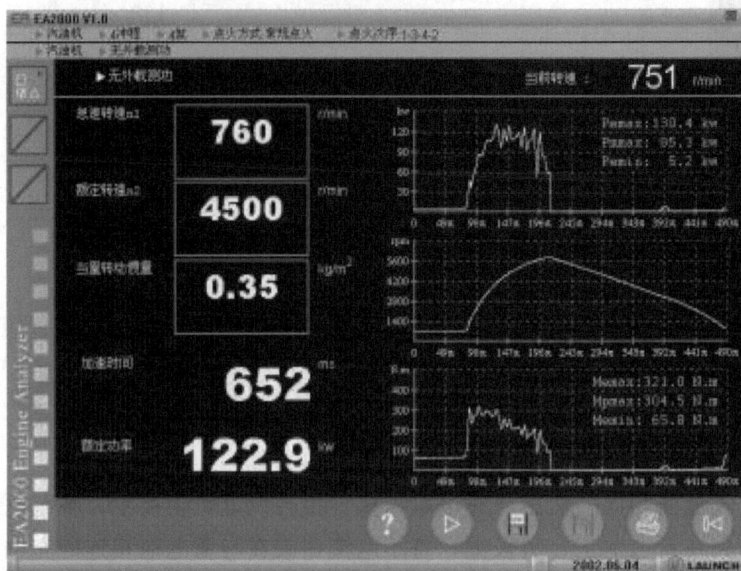

图 2-7 无外载测功试验

要注意当量转动惯量的选取，可参考该车技术资料或有关使用部门提供的试验值。

相关知识

一、发动机综合分析仪的基本功能与特点

发动机是汽车的心脏，汽车的一些基本技术性能都直接或间接地与发动机的相关性能相联系。因此，发动机综合性能的检测对了解整车性能至关重要。

发动机综合分析仪相当于汽车发动机的心电图仪，是检测汽车发动机及电控系统的全新设备。它通过传感器采集信号，经前端预处理器处理后，输入计算机进行处理，以不同的形式输出，可以直观、方便地对发动机进行故障检测、分析与诊断。它还可以和检测线主机以不同的方式交换数据通信信息，以便对车辆及用户信息和检测数据进行集中监控与管理。因此，发动机综合分析仪在汽车综合性能的检测和诊断中发挥的作用越来越大。

1. 发动机综合分析仪的功能

常见发动机综合分析仪的主要功能见表 2-1。

表 2-1 常见发动机综合分析仪的主要功能

序号	检测对象	主要功能
1	点火系统	二次电压峰值、二次电压波形、多缸点火波形比较、一次电压和电流检测，HEI 点火适配器检测，DIS 点火器检测，间歇性不点火检测、各缸点火持续时间、点火提前角、闭合角检测
2	供给系统	进气管真空压力检测，喷油器性能测试，柴油机喷油压力波形检测
3	起动系统	起动性能测试，起动电流、起动电压检测

（续）

序号	检测对象	主要功能
4	电控系统	传感器测试，步进电动机测试，故障码检测
5	电源系统	发电机电压和电流检测
6	发动机综合性能	各缸动力平衡测试，各缸压缩压力检测，发动机转速分析，无负荷测功，与废气分析仪配合检测发动机的排放气体成分
7	其他	万用表测试，参数设定，数字示波器测试

2. 发动机综合分析仪的特点

发动机综合分析仪具有以下三个特点：

（1）具有动态的测试功能　它的传感系统和信号采集与记忆功能能迅速准确地捕获发动机运转过程中各瞬变参数的时间变化函数曲线。这些动态参数才是对发动机进行有效判断的重要依据。

（2）具有通用性　测试过程不依据被检车辆的数据卡（即测试软件），只针对基本结构和各系统的形式和工作原理进行测试，因此它的检测结果具有良好的普遍性，其检测方法同样也具有最广泛的通用性。

（3）具有主动性　发动机综合分析仪不仅能适时采集发动机的动态参数，而且能主动地发出指令干预发动机工作，以完成某些特定的试验。

二、发动机综合分析仪的基本组成与工作原理

目前国内外各主要厂家开发的发动机综合分析仪在结构、使用方法方面存在一定的差异，但就一台配置齐全、性能良好的分析仪而言，概括起来都由信号提取系统、信号预处理系统、采控显示系统三大部分组成，如图 2-8 和图 2-9 所示。

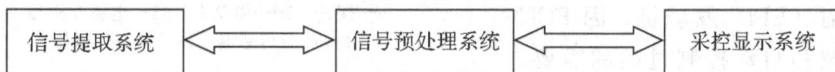

```
信号提取系统  ⟺  信号预处理系统  ⟺  采控显示系统
```

图 2-8　发动机综合分析仪的基本组成

1. 信号提取系统

信号提取系统的任务为拾取汽车被测点的信号。由于发动机结构复杂，各种信号拾取点的形状和位置各不相同，并且发动机上的信号既有电量的（如电流、电压等）又有非电量的（如压力、温度等），所以信号提取装置必须具有多种形式，以适应不同的测试部位。

图 2-10 所示为大多数发动机综合分析仪的信号提取系统。这一系统是由多种传感器（包括夹持器、插头和探针等）组成的。按与拾取

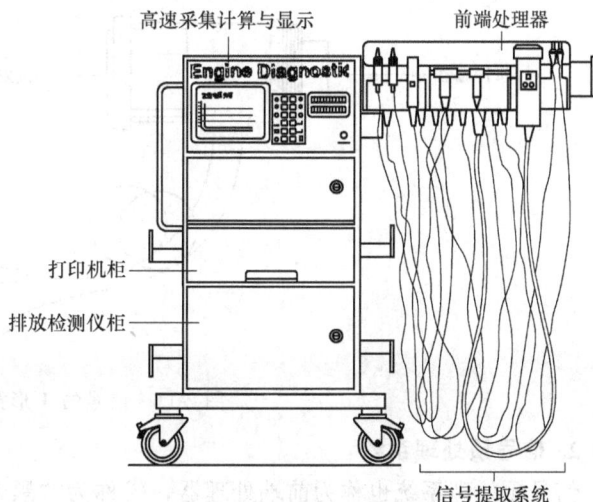

图 2-9　发动机综合分析仪的一般结构

点的接触方式，传感器可分为接触式和非接触式（感应式）两种。接触式传感器（夹持器）直接夹持在信号拾取点的金属部分，所拾取的信号可以直接传到信号提取系统，如图 2-10 中的 1 和 4 接蓄电池的正、负极，2 和 3 接点火线圈初级绕组的正、负极。非接触式（感应式）传感器用来拾取某些不能直接测量的信号，如起动电流。起动电流的幅值一般都达到 100A 以上，如此大的电流如果直接测量，一定对信号提取系统及检测设备的技术要求很高。如图 2-10 中的 11 实际上是一个电流互感器，夹持在蓄电池线上，可感应出起动电流。以上都是对电量参数的提取，所以按拾取信号的不同传感器又可分为电量的和非电量的。对于非电量的信号，需要不同类型的传感器将其转化为电量后信号再进行测量。如图 2-10 中的压力传感器 12 和温度传感器 13。压力传感器 12 可将进气管或喉管真空度转变成电量，而温度传感器 13 为一热敏电阻，可将机油温度和冷却液温度等参数转换为电压值。对于电控燃油喷射（EFI）发动机，因 ECU 计算喷油脉宽和自动控制过程的需要，

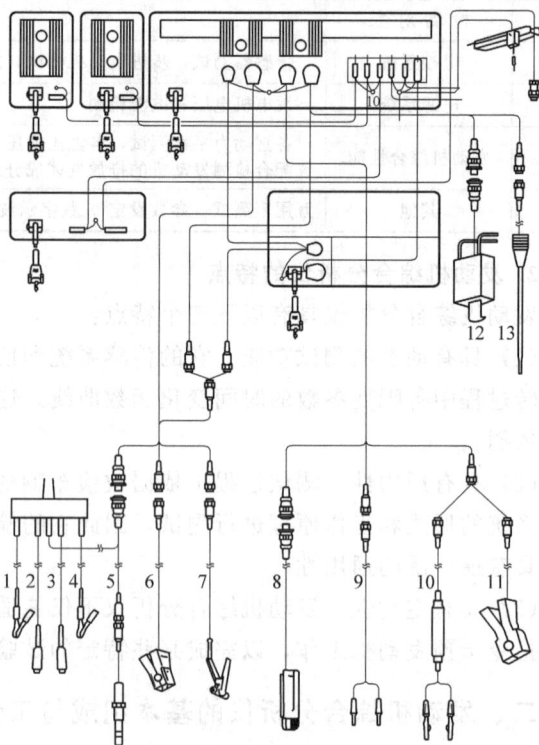

图 2-10　信号提取系统

1、4—蓄电池夹（红色为正极、黑色为负极）
2、3—点火线圈初级绕组接线夹　5—电磁式 TDC 传感器　6、7—电感式或电容式夹持器　8—频闪灯
9—探针　10—鳄鱼夹　11—电流互感器
12—压力传感器　13—温度传感器

各非电量已被植入各系统的传感器直接转换成电量，它们的提取可通过不同的转换插头来完成，但为了不中断 ECU 的控制功能，必须通过 T 形插头来提取信号，如图 2-11 所示。

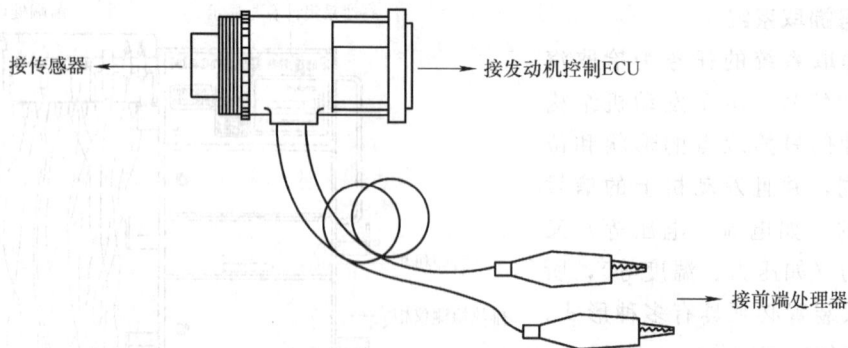

图 2-11　信号的 T 形插头

2. 信号预处理系统

信号预处理系统也称为前端处理器，俗称为"黑盒子"，是发动机综合分析仪的关键部件。从发动机采集来的信号千差万别，不能被综合分析仪中央控制器直接使用，必须经过预

处理，转换成标准数字信号后才能送入处理器。信号预处理系统就是信号提取系统与采控显示系统间的桥梁，能对所有或部分采集的信号进行预处理，即进行衰减、滤波、放大、整形等处理，并能将所有脉冲信号和数字信号直接输入 CPU 的高速输入端。某发动机综合分析仪信号预处理系统工作框图如图 2-12 所示。

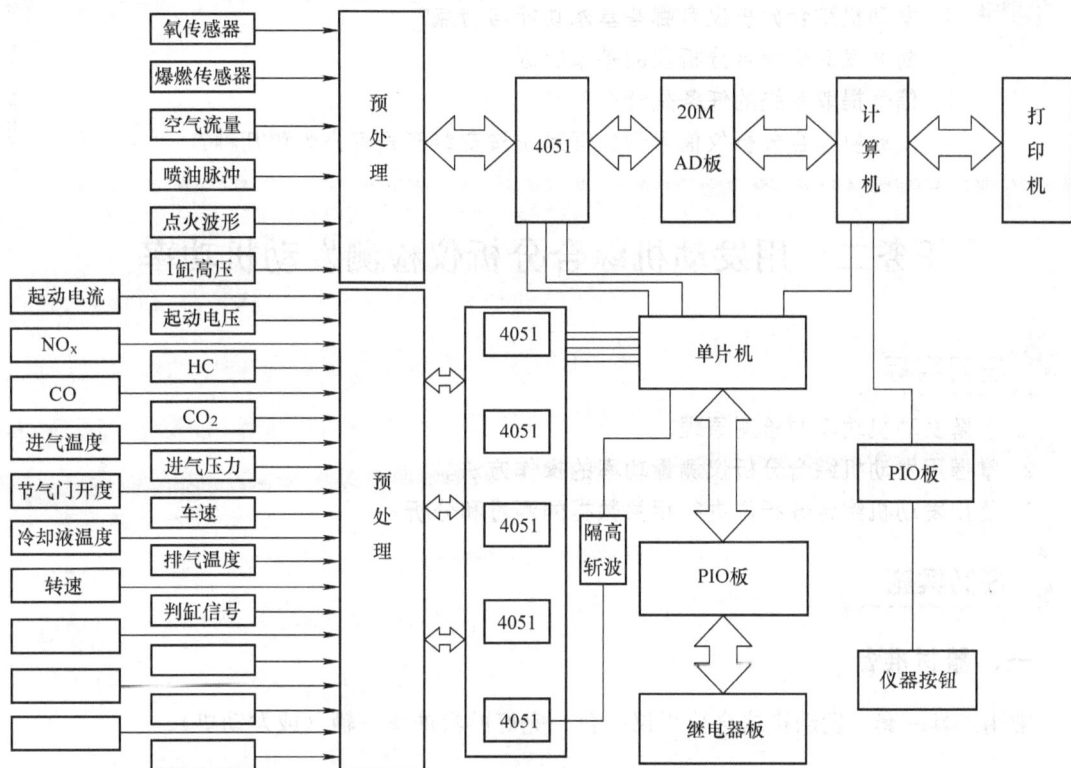

图 2-12　某发动机综合分析仪信号预处理系统工作框图

信号预处理系统按其安装形式可分为两种：内置式和外置式。内置式信号预处理系统一般做成一块或几块电路板，安装在主机柜内，并直接从主机柜的插头引出信号提取系统各传感器的连线。

外置式信号预处理系统一般由并行或串行电线连接到主机柜，并且从信号预处理系统引出各信号采取系统的传感器连线，连接到各信号提取系统的传感器或采样夹。

信号预处理系统无论是外置式还是内置式，连接时都一定不能接错，要"对号入座"，否则可能会损坏分析仪或发动机。

3. 采控显示系统

现代的发动机综合分析仪采控显示系统多采用计算机控制，并采用高速数据采集卡的形式。采用计算机控制显示具有醒目的多级菜单系统，可达到良好的人机对话效果，从而使操作简单快捷，数据存储与打印方便可靠，同时还可以将车辆的标准数据存储起来，与实测的车辆技术性能数据进行比对，让计算机自动判断车辆技术状况的好坏，提出维修建议等。采用高速数据采集卡，可以提高数据采集的速度与可靠性，从而提高分析仪的准确度。

计算机软件也是采控显示系统的重要组成部分，各种型号的发动机综合分析仪的软件存

31

在一定的区别，在操作方法、用户界面等方面都不完全相同，使用前应细致研读使用说明书，要了解清楚操作方法和注意事项。

习题：
1. 发动机综合分析仪有哪些基本功能与特点？
2. 简述发动机综合分析仪的基本组成。
3. 信号提取系统的任务是什么？
4. 发动机综合分析仪信号预处理系统按安装形式可分为哪几种？

任务二　用发动机综合分析仪检测发动机功率

任务目标

1. 了解发动机功率的检测原理。
2. 掌握用发动机综合分析仪测量功率的操作方法。
3. 能用发动机综合分析仪进行相关数据的测量和分析。

任务实施

一、器材准备

常用工具一套、发动机综合分析仪一台、完好的汽油车一辆（或发动机）。

二、实施步骤

将发动机稳定在怠速，单击"开始"按钮，进入检测状态。将发动机稳定在怠速约 10s 后，当点阵屏上显示出"请怠速，2 秒延时""请猛踩油门"，并且屏幕和点阵屏上又显示出转速时，猛踩加速踏板，使发动机在最大节气门的情况下自然加速，当发动机转速超过测功转速上限时，立即松开加速踏板，使发动机转速自由降回到怠速，自动退出，屏幕出现测功结果数据。检测的数据是几次的平方值，一般检测三次。

相关知识

根据《机动车运行安全技术条件》（GB 7258—2012）规定，在用车发动机功率不得低于原额定功率的 75%，大修发动机功率不得低于原额定功率的 90%。如果发动机功率偏低，一般是由燃料系统调整状况不佳、点火系统技术状况不佳或气缸密封性不佳等原因造成的，应进一步深入诊断找出原因，进行调整或维修。

一、发动机功率检测

发动机的额定功率是指发动机携带必要的部件运转时所发出的最大功率，是发动机的一项综合性能指标。发动机在使用一段时间后，所输出的最大功率会比刚出厂时小，因而其动力性能逐渐变差。因此，通过测量发动机最大功率，可反映出发动机的技术状况，确定发动机是否需要大修或鉴定发动机的维修质量。发动机功率检测的方法有稳态测功和动态测功两种。

1. 稳态测功

稳态测功也称为有负荷测功，是指在发动机节气门开度一定、转速一定和其他参数保持不变的稳定状态下，通过给发动机加一定的模拟负荷来测量发动机转速、转矩和功率的方法。稳态测功的方法是在发动机试验台上由测功器（水力式、电力式和电涡流式）测试功率。测功器能测出发动机的转速和转矩。

2. 动态测功

动态测功也叫无外载测功或无负荷测功，是指在发动机不带负荷的情况下，让节气门和转速等参数均处于变化的状态，从而测定发动机功率的一种方法。这种测功的基本方法是：当发动机在息速或空载某一转速下，突然全开节气门，使发动机克服自身惯性和内部各种机械阻力而加速运转时，其加速性能的好坏能直接反映出发动机功率的大小。

由于动态测功不需要施加负荷，不需测功器那样的大型设备，而用小巧的无外载测功仪，因此既可以在台架上进行，也可以就车进行，提高了检测的方便性和快捷性。但其缺点是测量的精度稍差，一般在汽车维修企业和汽车检测站应用较多。

二、无外载测功仪的测量原理

对于某一结构的发动机来说，可以将其自身的以及所带动的所有运动部件等效地看作是一个绕曲轴中心转动的简单回转体。当发动机在息速或某一空载低转速运转时，突然全开节气门加速到某一高转速，此时发动机产生的动力除克服惯性和内部各种运转阻力外，其有效转矩将使曲轴加速运转，也就是以其自身运动部件为载荷加速运转。发动机的有效功率越大，曲轴的瞬时角加速度就越大，而加速时间则会越短。所以，只要测出发动机在指定转速范围内急加速时的角加速度，或测出从低速到高速所用的时间，就可计算出发动机功率。发动机无外载测功仪按照测功原理可分为两类：一类是用测定加速时间的方法测定瞬时功率，另一类是用测定瞬时角加速度的方法测定平均有效功率。

通过发动机对比试验，可以找出动态平均有效功率与稳态额定功率之间的关系，可以利用加速时间与额定功率之间的关系对无外载测功仪进行标定，以便通过测加速时间而能直接读出功率数。

按照这一原理设计的仪器由转速信号传感器、脉冲整形装置、起始转速触发器、终止转速触发器、时间信号发生器、计算与控制装置等组成，其工作原理框图如图 2-13 所示。

这种仪器能把来自点火系统一

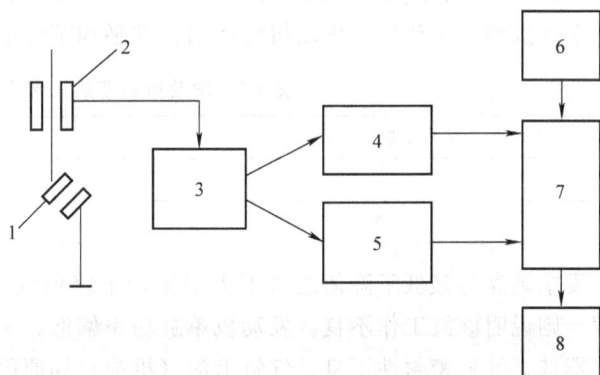

图 2-13　测功仪工作原理框图

1—断电器触点　2—转速信号传感器变压器　3—转速脉冲整形装置　4—起始转速（n_1）触发器　5—终止转速（n_2）触发器　6—时标　7—计算与控制装置　8—显示装置

次电路断电器触点开闭一次电流的感应信号作为发动机转速的脉冲信号，经整形电路整形为矩形波，并变为平均电压信号。当发动机节气门突然全开，转速达到起始转速时，此时对应的电压信号通过触发器触发计算与控制电路，使时间信号进入计算器并寄存。当发动机加速到终止转速时，对应的电压信号通过触发器触发计算与控制电路，使时间信号停止进入计算器，并把寄存器中的时间脉冲数经 A/D 转换器转换成电流信号，在指示仪表上显示出加速时间或直接标定成功率。我国生产的便携式无外载测功仪多为此种类型。

三、各气缸功率均衡性检测

发动机所发出的整机功率应该是各缸发出功率的总和。从理论上讲，技术状况良好的发动机的各缸所发出的功率是相同的，称为动力平衡。但是由于结构、点火系统以及供油系统方面的差异，各气缸实际所发出的功率还是不同的，特别是当某个气缸有故障时，这种差异就会更加明显，导致动力不平衡，造成发动机运转不平稳。依据这种分析，在检测时就可以采用将各气缸轮流断火或断油的方法来判断某缸技术状况是否完好。单缸断火或断油的具体检测方法有两种：一种是检测功率的变化；另一种是检测转速的变化。

1. 单缸功率的检测

前面所讲的无外载测功仪既可以检测发动机的整机功率，也可以检测单个气缸的功率。其方法是：首先测出发动机的整机功率，然后在某缸断火、断油的情况下，再测出此时的发动机功率，所测两功率之差即为该缸的功率。用同样的方法就可依次测出各单缸功率。比较各单缸功率，即可判断各缸的工作情况。技术状况良好的发动机，各单缸功率应基本相同，若某缸断火或断油后测得的功率变化很小，则可认为该缸基本没有参与做功。

2. 单缸断火或断油后转速的变化

工作正常的发动机在一定转速下稳定运行时，若某缸突然断火或断油，则发动机输出功率将会减少，转速也会随之降低，以寻求与负荷和摩擦功率新的平衡。若各缸的功率是均衡的，则当各缸轮流断火或断油时，发动机转速下降的幅度应基本相同。反之，若发动机转速下降的幅度差别很大，则说明有的气缸工作异常。因而可以通过该种测试方法取得转速下降的数值来评价各缸的工作状况。正常时，发动机转速下降的平均值与气缸数有关，气缸数越多，转速下降值就越小。表 2-2 给出了四冲程发动机以 800r/min 的转速稳定工作时，使任何一个气缸停止工作后，发动机转速的正常平均下降值。

表 2-2　发动机转速的正常平均下降值

发动机气缸数	转速平均下降值/(r/min)
4	144～168
6	96～108

要求最高与最低下降值之差不大于平均下降值的 30%。如果某缸下降值远小于平均下降值，则说明该缸工作不良。发动机单缸功率偏低，一般是由该缸高压分火线或火花塞技术状况不佳、气缸密封性不良、气缸上油（机油）等原因造成的，应调整或检修。

在实际测试时需要注意的是，发动机气缸数越多，单个气缸的功率占总功率的比就越小，单缸熄火后转速下降值也就越小，导致测试误差及判断故障的难度增大。同时在进行单缸断火试验时，断火时间不宜过长，这是因为没有燃烧的燃油进入气缸后，会冲刷掉气缸壁上的油膜，造成润滑不良，加速气缸的磨损。

　　总之，发动机的无外载测功仪能对发动机的动力性作出评价，但并不能找出故障具体所在，若要分析故障原因，还应进行其他项目的检测与分析。

任务三　气缸密封性的检测

任务目标

1. 了解气缸密封性检测方法的原理。
2. 掌握气缸密封性检测的方法和步骤。
3. 掌握气缸密封性检测结果的分析方法。

任务实施

1. 设备准备

常用工具一套、汽车压力表一块、完好的汽油车一辆。

2. 实施步骤

① 起动发动机，使其正常运转至正常工作温度（70～90℃）。

② 发动机熄火，用压缩空气吹净火花塞或喷油器（柴油机）周围的灰尘和脏物，拆下空气滤清器，卸下全部火花塞或喷油器，并按气缸次序放置。对于汽油发动机，还应把二次高压总线拔下并可靠搭铁，或者取下点火线圈次级绕组插头，以防止电击和着火。

③ 把气缸压力表的橡胶插头插在被测缸的火花塞或喷油器孔内，并扶正压紧。

④ 将节气门和阻风门置于全开位置。

⑤ 用起动机转动曲轴3～5s（不少于四个压缩行程），汽油机转速应为130～250r/min，柴油机转速应为300～500r/min，待压力表头指针指示并保持最大压力后停止转动。取下气缸压力表，记录读数，按下单向阀使压力表指针回零。

⑥ 按上述方法依次测量各缸，每缸测量次数应不少于两次。

　　就车检测柴油机气缸压力时，应使用螺纹插头的气缸压力表。如果该发动机要求在较高转速下测量，此种情况除受检气缸外，其余气缸均应工作。其他检测条件和检测方法同于汽油机。

⑦ 对所取得的发动机气缸压缩压力的检测结果进行正确分析。

相关知识

一、检测原理

　　发动机气缸的密封性是保证发动机缸内压力正常和动力正常的基本条件。气缸的密封性与气缸体、气缸盖、气缸垫、活塞、活塞环和进、排气门等零件的技术状况有关。在发动机的使用过程中，这些零件磨损、烧蚀、结胶或积炭，导致发动机气缸密封性下降，致使发动机功率下降、燃油消耗率增加、排放超标，从而降低发动机的使用寿命。气缸密封性是表征发动机技术状况的重要参数。

气缸密封性的诊断参数主要有气缸压缩压力、曲轴箱窜气量、气缸漏气量、气缸漏气率、进气管真空度等。在就车检测时，只要进行其中的一项或两项，就能确定气缸密封性的好坏。

二、气缸压力表的组成与结构

当活塞到达压缩行程上止点时，气缸压缩力的大小可以表明气缸密封性的好坏。检测气缸压缩力的常用设备有气缸压力表和气缸压力检测仪。

用气缸压力表检测气缸压缩压力（以下简称气缸压力），具有价格低廉、仪表轻巧、实用性强和检测方便等优点，因而在汽车维修企业中应用十分广泛。常用的机械式气缸压力表是一种气体专用压力表，如图 2-14 所示。它一般由压力表头、导管、单向阀和插头等组成。

压力表多为弹簧管式，利用表内弹性元件在压力作用下的弹性变形来测量压力。弹簧管的种类很多，有 C 形、螺线形、S 形等，截面可分为椭圆形、弓形、平椭圆形等。弹簧管一端为固定端，另一端为自由活动端。活动端通过杠杆、齿轮机构与表针相连。当气体压力进入弹簧管时，管子产生弹性变形，使弹簧管向外伸张，通过杠杆、齿轮机构带动表针运动，在表盘上指示出压力的大小。

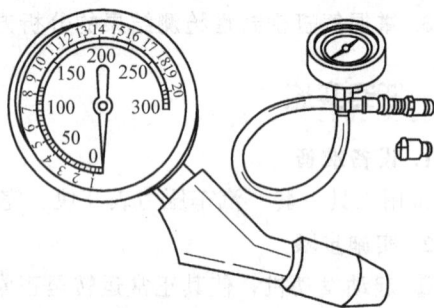

图 2-14 气缸压力表

气缸压力表的插头有锥形或阶梯形橡胶接头和螺纹管接头两种。橡胶插头可以压紧在火花塞或喷油器孔内；螺纹管插头可以拧紧在火花塞或喷油器孔内。导管也有两种形式，一种为软导管，另一种为金属硬导管。软导管适用于螺纹管接头与表头的连接，硬导管适用于橡胶插头与表头的连接。

气缸压力表上装有单向阀，处于关闭位置时，气体只能从气缸进入压力表而不会漏回气缸中，可保持测得的气缸压缩力读数（保持指针位置）。当单向阀打开时，放出进入压力表中的压缩空气，压力表内部与大气相通，可使压力表指针回零，便于再次测量。

三、气缸压力表检测结果分析

1. 检测结果分析

1) 当气缸压力的检测结果低于标准值时，说明气缸密封性降低，可根据机油具有密封作用的特点，先向火花塞或喷油器孔内注入少量机油（一般为 20~30mL），再检测气缸压缩力，从而可以确定导致气缸密封不良的原因所在。分析如下：

① 如果第二次测得的结果比第一次高，并接近标准压力值，则表明气缸、活塞环、活塞的磨损量过大，或者活塞环对口、卡死、断裂及缸壁拉伤。

② 如果第二次测得的结果与第一次相近似，但仍低于标准值，则表明气缸密封不良的原因为进、排气门或气缸衬垫不密封。

③ 如果两次检测的结果均表明某相邻两缸压力都明显过低，则其原因可能是两缸相邻处的气缸衬垫烧损而窜气。

2）当气缸压力的检测结果高于标准值时，表明燃烧室内积炭过多、气缸衬垫过薄或缸体与缸盖接合面修理加工过度。气缸压力过大，会影响发动机的使用寿命。

以上只是对气缸密封部位工作不良故障的原因进行的分析或推断，并不能十分有把握地确诊。为了能准确地确定故障部位，可在检测完气缸压力后，针对压力低的气缸，采用如下简易方法：卸下空气滤清器，打开散热器盖、节气门和加机油口盖，用一根长胶管，一端接压缩空气气源（压力在600kPa以上），另一端通过锥形橡胶头插在火花塞孔或喷油器孔内，摇转发动机曲轴，使被测气缸活塞处于压缩行程上止点位置，然后将变速器挂低挡，拉紧驻车制动器，打开压缩空气开关，注意倾听漏气声。若在进气口处听到漏气声，则说明进气门关闭不严；若在排气消声器处听到漏气声，则说明排气门关闭不严；若在散热器冷却液加注口处看到有气泡冒出或听到漏气声，则说明气缸衬垫密封不良而使气缸与水套沟通；若在相邻气缸火花塞口处听到漏气声，则说明气缸衬垫在该两缸之间因烧损而窜气；若在加机油口处听到漏气声，则说明气缸活塞配合副磨损严重。

2. 影响检测结果的因素

使用气缸压力表测量气缸压力时，存在测量误差较大的缺点。测量结果不仅与气缸密封性有关，而且受发动机曲轴转速影响。研究表明，只有当曲轴转速超过1500 r/min时，气缸压缩压力才变化不大。但在低速范围内，即使较小的转速差也能引起压缩压力测量值较大的变化。对于不同型号的发动机，其起动机带动曲轴的转速不可能完全一致。即使同一型号的发动机，由于蓄电池、起动机和发动机的技术状况不一致，其起动转速也不可能完全一致。这就出现了检测转速是否符合规定值的问题，这也是用气缸压力表检测气缸压力误差大的主要原因。所以，在检测气缸压力时，准确地监控曲轴的转速是减少测量误差，获得正确测量结果的重要保证。

因此在使用气缸压力表测量气缸压力时，应该用转速表监测曲轴转速，尽可能在发动机转速符合制造厂规定的数据下进行。常见车型发动机的气缸压缩力标准值见表2-3。

表 2-3　常见车型发动机的气缸压缩力标准值

发动机型号	项　目		发动机型号	项　目	
	检测时发动机转速/(r/min)	气缸压缩力/kPa		检测时发动机转速/(r/min)	气缸压缩力/kPa
EQ6BT5.9	200	＞2414	BJ492Q	150～200	784～980
EQ6100	130～150	833	C498QA1	—	827～1034
EQ491	200	1000～1200	4G64	250～400	1060～1400
CA6100	100～150	920	SOFIGM8142	150	1600～2600
CA6102	100～150	930	桑塔纳 JV	350	1000～1250
WD615.77	—	2800	捷达 EA827	200～250	900～1100

3. 诊断参数标准

气缸压缩压力标准值一般由制造厂提供。对于在用发动机，按照《汽车运输业车辆技术管理规定》，在用车发动机气缸压缩力不得低于原设计值的25％以上。对于大修竣工发动机，根据《汽车修理质量检查评定方法》（GB/T 15746—2011）附录B的规定：大修竣工发动机的气缸压缩力在正常工作温度下应符合原设计规定，每缸压缩力与各缸平均压缩力的差，汽油机应不超过5％，柴油机应不超过8％。

1. 曲轴箱窜气量的检测

检测曲轴箱窜气量也是检测气缸密封性的方法之一。特别是在发动机不解体的情况下，使用该方法诊断气缸活塞摩擦副的工作状况具有明显的作用。

随着气缸活塞摩擦副磨损、活塞环弹性下降或黏结，气缸密封性下降，窜入曲轴箱的气体量会增加。曲轴箱的窜气量与气缸活塞组件的磨损成函数关系，因此，可以通过测量发动机工作单位时间内窜入曲轴箱的气体量来评价气缸活塞组的技术状况。

（1）曲轴箱窜气量检测仪的结构与检测原理 由于从曲轴箱窜出的气体具有温度高、数量少、脉动、污浊的特点，因而检测难度较大。曲轴箱窜气量一般采用专用曲轴箱窜气量检测仪检测。曲轴箱窜气量测试仪可分为压力式和容积式的两种。目前，曲轴箱窜气量检测仪使用了微压传感器，如图2-15所示。

其工作原理是：当废气流过取样探头孔道时，在测量小孔处产生负压，微压传感器检测出负压并将其转换成电信号。流过探头孔道的废气流量越大，测量孔处产生的负压就越大，微压传感器输出的电信号也就越强。该信号输送到仪表箱，由仪表指示出大小，从而反映出曲轴箱窜气量的大小。

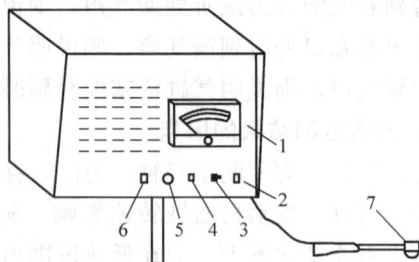

图2-15 曲轴箱窜气量检测仪
1—指示仪表 2—预测按钮 3—预调旋钮
4—挡位开关 5—调零旋钮
6—电源开关 7—取样探头

（2）检测方法

① 打开电源开关，按仪器使用说明书的要求对检测仪进行预调。

② 密封曲轴箱，即堵塞机油尺口、曲轴箱通风进出口等，将取样探头插入机油加注口内。

③ 起动发动机，待其运转平稳后，仪器上仪表的指示值即为发动机曲轴箱在该转速下的窜气量。

曲轴箱窜气量除与发动机气缸活塞组的技术状况有关外，还与发动机转速和负荷有关。因此在检测时，发动机应加载，节气门应全开（或柴油机处于最大供油量状态），在最大转矩转速下测试。发动机加载最好在底盘测功机上实现，这是因为测功机的加载装置可方便地通过滚筒对驱动轮进行加载，以实现发动机在全负荷工况下从最大转矩转速至额定转速的任一转速下运转，从而可用曲轴箱窜气量检测仪检测出各种工况下曲轴箱的窜气量。

（3）检测结果分析

由于曲轴箱窜气量还与缸径和缸数有关，很难把众多车型统一在一个检测标准内，因此目前对曲轴箱窜气量还没有制定出统一的国家标准。有些国家以单缸平均窜气量作为诊断参数。作为维修企业和汽车检测站，应通过积累具体车型的曲轴箱窜气量检测数据资料，经分析整理来制定企业标准，并以此作为检测依据。综合国内外情况，曲轴箱单缸平均窜气量参考性诊断参数标准可参考表2-4。

表 2-4 曲轴箱单缸平均窜气量参考性诊断参数标准

发动机技术状况	单缸平均窜气量/(L/min)	
	汽油机	柴油机
新发动机	2～4	3～8
需大修发动机	16～22	18～28

曲轴箱窜气量大，一般是由于气缸、活塞、活塞环磨损量大，使各部分配合间隙增大或者是活塞环对口、结胶、积炭、失去弹性、断裂以及缸壁拉伤等原因造成的，应结合使用、维修和配件质量等情况来进行深入诊断。

2. 气缸漏气量的检测

气缸的密封性可用检测气缸漏气量的方法进行评价。检测的原理是：发动机不工作，使活塞处于压缩行程上止点，在火花塞孔处充入具有一定压力的压缩空气，用压力表检测气缸内压力的变化情况，以此来表征气缸的密封性。气缸漏气量采用气缸漏气量检测仪进行检测。该方法仅适用于对汽油机进行检测。

（1）气缸漏气量检测仪的结构及工作原理 气缸漏气量检测仪由调压阀、进气压力表、测量表、校正孔板、橡胶软管、快速接头和充气嘴等组成，如图 2-16 所示。

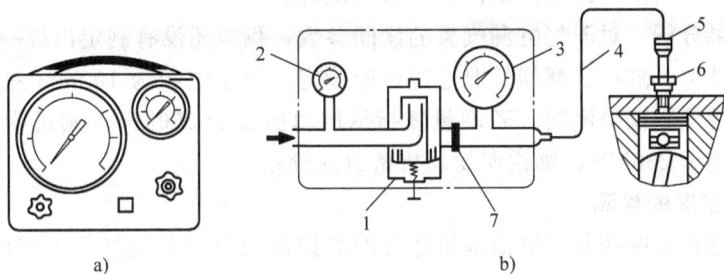

图 2-16 气缸漏气量检测仪
a）仪器外形 b）仪器结构
1—调压阀 2—进气压力表 3—测量表 4—橡胶软管 5—快速接头 6—充气嘴 7—校正孔板

检测时必须配备外部气源（相当于气缸压缩压力，一般为 600～900kPa）、指示活塞位置的指针（指针可用旧分火头改制，仍装在原来的位置上）和活塞定位盘。检测仪的充气嘴安装于所测气缸的火花塞孔上，且使活塞处于压缩行程上止点位置，并将仪器与外部气源连接。压缩空气按图 2-17 所示箭头方向进入气缸漏气量检测仪，其压力由进气压力表 2 显示。随后，压缩空气经由调压阀、校正孔板、橡胶软管、快速接头和充气嘴进入气缸，气缸内的压力变化情况由测量表 3 显示。当气缸密封不严时，压缩空气就会从不密封处逸漏，校正板量孔后的空气压力就会下降，由于校正板量孔不变，因此当进气压力及测试时的温度一定时，该压力取决于经过量孔的空气流量，即气缸内不密封处的漏气量。因此，根据测量表压力的下降情况即可判断出气缸的漏气量。

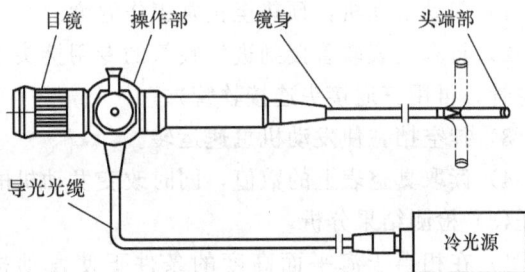

图 2-17 工业光纤内窥镜

（2）检测方法

1）先将发动机预热升温至正常工作

温度。

2）清除火花塞周围的脏物，拆下所有火花塞并依次放置，装上充气嘴。

3）将仪器接上外部气源，在仪器出气口堵塞的情况下，通过调节调压阀，使测量表的指针指在 400kPa 位置上。

4）卸下分电器盖和分火头，安装上指针和活塞定位盘，摇转曲轴，使分火头转至第 1 缸跳火位置（此时第 1 缸活塞处于压缩终了上止点位置，第 1 缸进、排气门均处于关闭状态），然后转动活塞定位盘，使指针对正刻度。

5）挂高速挡，拉紧驻车制动器，以保证压缩空气进入气缸后不会推动活塞下移。

6）在第 1 缸充气嘴接上快速接头，向第 1 缸内充气，此时测量表上的读数即反映出该缸的密封性。在充气、检测的同时，可以从进气口、排气消声器口、散热器加水口和加机油口等处，察听是否有漏气声，以便找出故障部位。

7）摇转曲轴，使指针对正活塞定位盘下一缸的刻度线，按以上方法检测下一缸漏气量。

8）按以上方法和点火顺序，检测其他各缸的漏气量。为使测得的结果准确可靠，各缸应再重复测量一次，取其平均值作为最后的检测值。

仪器使用完毕后，应将调压阀退回到原来的位置。

（3）检测结果分析　对于气缸漏气量的诊断参数，我国还没有制定出统一标准。检测标准应根据发动机种类、缸径、磨损情况通过试验确定。对于缸径为 102mm 左右的汽油发动机，用气缸漏气量检测仪检测时，若测量表指示压力值大于 250kPa，则说明发动机密封性良好；若指示值小于 250kPa，则说明发动机密封性较差。

3. 进气管真空度的检测

发动机进气管真空度随着气缸活塞组零件的磨损而变化，并与气门组零件的技术状况、进气管的密封性以及点火系统和供油系统的调整有关。因此，检测进气管真空度，不但可以分析、判断气缸的密封性，而且可以用来诊断发动机多种故障。

进气管真空度用真空表检测，无需拆任何机件，而且快速简便，应用广泛。一般发动机综合分析仪也具有进气管真空度检测功能。

（1）真空表的结构和测量原理　检测真空度的真空表是由表头和软管组成的。真空表的表头内部结构与气缸压力表头一样，多为弹簧管式。当表头内的弹簧管（弯管）内部出现真空时，弯管更加弯曲，于是通过杠杆、齿轮机构带动指针动作，在表盘上指示出真空度的大小。真空表的量程为 0～101.325kPa。软管一头连接在节气门后方的进气管专用检测接头上，另一头固定在表头上。

（2）检测方法

1）起动发动机，预热至正常工作温度。

2）将真空表软管接到进气歧管的专用接头上（若无此接头，则可拆下进气管上的一根真空管，再用三通接头连接软管）。

3）挂空挡，使发动机怠速运转。

4）读取真空表上的数值，同时改变发动机的转速，观察真空度的变化情况。

（3）检测结果分析

1）在相当于海平面高度的条件下使发动机怠速运转时，若真空表指针稳定在 57～70kPa 之间，则表明气缸密封性正常（海拔每升高 500m，真空度应相应降低 4～5kPa）。当迅速开闭节气门时，若表针在 6.8～84.6kPa 之间灵敏摆动，则说明真空度对节气门开度变化的随动性较好，进一步表明各部位在各工况的密封性均较好。

2）急速时，若指针在 50.66～67.55kPa 间有规律地摆动，则表示气门黏滞或点火系统有故障。

3）急速时，在气门关闭后，若指针跌落至 3～23kPa 之间，且指针有规律地摆动，则表示气门与气门座不密封；若指针有规律地迅速跌落至 10～16kPa 之间，则表示气门与气门导管卡滞。

4）如果发动机以 500r/min 左右的转速运转时真空表指针在 33～74kPa 之间迅速摆动，则表示气门弹簧折断或弹力不足。当某一只气门弹簧折断时，指针将相应地产生快速波动。

5）急速时，若真空表读数较正常值低 10～13kPa，且缓慢地在 47～60kPa 之间摆动，则表示气门导管磨损松旷。

6）急速时，若真空表指针有规律地跌落，则表示某气门烧毁。每当气门烧毁的气缸工作时，指针就跌落。

7）急速时，若真空表指针快速摆动，升速时指针反而稳定，则表示进气门与其导管磨损松旷。

8）急速时，若读数有时可达 53kPa，但很快又跌落为零或很低，则表示排气系统堵塞。

9）急速时，若真空表指针从正常值突然跌落至 33kPa，则表示气缸垫窜气。当泄漏气缸在工作行程时，指针又会恢复正常值。

10）当发动机转速升至 2000r/min 时，突然关闭节气门，真空表指针迅速跌落至 16kPa 以下；当节气门关闭时，指针不能回复到 83kPa。当迅速开启节气门时，若指针低于 16kPa，则表示活塞环工作良好。

11）急速时，若真空表指针稳定地指示在 47～57kPa 之间，并且指示值比正常值低 10～30kPa；则表示点火过迟；若真空表指针稳定地指示在 27～50kPa 之间，则表示气门开启过迟。

12）急速时，若真空表指针缓慢地摆动在 47～54kPa 之间，则表示火花塞电极间隙太小，断电器触点接触不良。

把进气管真空度作为检测汽油机故障诊断的重要参数，可以检测出气缸、气门机构和配气正时等许多发动机的技术状况。但是，进气管真空度的检测与以上所讲的各种发动机密封性检测方法一样，同样不能指出故障的确切部位。如果与其他的一种检测方法相结合，互相参考，就可以确诊故障部位。

4. 气缸内部观测

当汽车发动机发生故障时，具体在哪个气缸，往往需解体才能最终确定"病因"所在。如果使用内窥镜，通过火花塞或喷油器孔，就可直接观察气缸内部的各种故障，如积炭、拉缸、异物等，从而提高了工作效率，降低了修理费用，同时避免了对机件多次拆装而造成的损害。

汽车维修中使用的内窥镜主要是工业光纤内窥镜，是一种利用纤维光学、精密机械及电子技术结合而成的新型光学仪器。它利用光导纤维的传光、传像原理及其柔软弯曲性能，可以对设备中肉眼不易直接观察的隐蔽部位方便地进行直接快速的检查，还可手控窥头对被检查面进行连续上下扫描，也可照相、录像或电视显示。

（1）工业光纤内窥镜的结构 工业光纤内窥镜一般都由目镜、操作部、镜身、头端部、导光光缆及其光源插头等组成，参见图 2-17。

1）目镜：位于操作部上方，用于检测人员观察图像，可安装照相机或摄像机进行照相或摄像，或安装显示器转接器将图像转到显示器上显示。

2）操作部：位于目镜的下方，包括调焦装置、转角控制钮和转角控制锁紧钮等。调焦装置在目镜的下方，转动光圈，可调节目镜与导光束之间的距离，使图像清晰。转角控制钮用于对弯曲部上下、左右活动方向的调节。转角控制锁紧钮用于固定头端部。

3）镜身：镜身也称为软管部，为一根易弯曲的软管道，由钢丝管与蛇形钢管制成，具有保护作用。其外部套有弹性聚氨酯塑料管。聚氨酯塑料管具有密封作用，可防止油、水的进入和腐蚀。外套管表面光滑，并每隔 5mm 画一条刻线，以表明纤维内窥镜插入的深度。镜身的前部为弯曲部，能上下、左右弯曲，实现无盲区观察。镜身内装有导像束、导光束和控制转角的钢丝等装置。

4）头端部：纤维内窥镜镜身前头的端部为硬性部分。头端部有物镜和导光窗等装置。物镜对物像的观察有三种类型：直视型、侧视型、斜视型。直视型头端部在进镜时能清楚地观察到前进方向的弯曲走向及前壁的状况，但对侧壁的观察效果欠佳。侧视型头端部能正面观察到前进方向侧壁的状况，特别是对于狭小空间侧壁的观察效果更好，但对正前方的观察效果欠佳。斜视型头端部观察物像的方向介于直视型和侧视型之间，一般为 30°～45°。纤维内窥镜的前端部一般设有 1 个或 2 个导光窗，照明光线由此射出，以便通过物镜能观察到物像。导光窗由导光束末端面和密封玻璃组成。

5）导光光缆及其光源插头。导光光缆（也称为导光软管）一端在操作部与纤维内窥镜体连接，另一端与冷光源连接，是纤维内窥镜和冷光源之间的连接部分。导光光缆内有导光束和控制自动曝光的电线等。导光光缆的光源插头比较复杂，这是因为在光源插头中还有供摄像曝光等装置的插头。

（2）主要附件

1）冷光源：冷光源是指体外光源通过红外线过滤措施过滤后进入被检测体内部的光。冷光源的类型有许多，如低能量的卤素灯光源、高电流的氙短弧灯光源等。

2）教学镜：可接于目镜上，供第二者观看，便于教师指导。但由于导像束的再传导使亮度大大降低，因此一般不采用教学镜教学，而是采用内窥镜电视系统教学。

3）数码相机：通过专用接口连接数码相机，可在数码相机的显示屏幕上观察汽车发动机、气缸引擎等内部的状况并进行实时拍照。

（3）工业光纤内窥镜的工作原理　纤维内窥镜的主体是纤维光束。纤维光束由许多细光学纤维构成。光学纤维有两种类型：玻璃光学纤维和塑料光学纤维（主要是丙烯树脂）。光在光学纤维内传导必须遵循全内反射原理，也就是必须遵循每根光学纤维传导的像素不发生折射而泄漏，应在纤维中以全内反射方式由一端传至另一端。只有这样才能保证光在传导中无损失，图像无失真，从而得到高清晰度、高精度的图像。纤维内窥镜遵循光全内反射原理，使光的传导在光学纤维内从一端到另一端有序地进行。当光学纤维弯曲时，反射角相配套地发生变化，光的传递就随着纤维的弯曲而弯曲，这样就能看到从任何方向传来的物像。

（4）纤维内窥镜使用方法　不同厂家生产的或不同型号的工业纤维内窥镜使用方法不尽相同，使用时应以产品相配套的使用说明书为准。

1）准备工作

① 光源准备：选用仪器配套的冷光源。

② 将导光光缆光源插头牢固地插入光源的输出插座中。

③ 在确认光源电源开关处于"关"的位置后，将光源电源线连接到已正确接地的交流电源。

④ 打开光源的电源，并确认光源亮度的可调性。

2）检查内窥镜及附件

① 检查插入软管的主软管表面有无破损或其他缺陷。

② 检查弯曲部外表面有无缺陷，慢慢调节转角调节钮，确认弯曲部弯曲正常，并能达到最大弯曲度。

③ 转角调节钮的检查

a. 检查上下转角调节钮是否能自由动作，当释放此钮时，弯曲部应回到中间位置。

b. 检查左右转角调节钮：握持操作部将插入软管放在平坦的台面上，操作左右转角调节钮使弯曲部向右弯曲，确认对头端部稍加拉力时弯曲部能大致上变得平直。将内窥镜翻转过来，使弯曲部向左弯曲，重复以上检查。

④ 检查上下、左右转角调节锁紧钮，应有一定的阻尼感。在检查完和使用完转角调节锁紧钮后，应将其置于"松"的位置，以保证其使用寿命。

⑤ 检查光学系统。转动调焦装置的视度环，直至视场网纹图案清楚地聚焦。检查能否清楚地看到离物镜3～15mm处的物像。目镜筒上的彩色编码标志用于快速调定视度的参考标志。

⑥ 检查导光软管有无裂纹、扭曲、压扁等损伤。

⑦ 在内窥镜目镜上安装显示系统，然后打开显示器系统，调整图像的清晰度和色彩，直到满意为止。

3）观测方法

① 握持内窥镜：用左手握持内窥镜操作手柄，并用左手拇指操纵操作部的转角调节钮，用右手握持插入软管。

② 插入与观察

a. 调节视度环，直至视场网纹图案清楚地聚焦。

b. 将内窥镜轻轻地插入被检总成或机构的孔中，如发动机燃烧室的火花塞孔或喷油器孔、发动机曲轴箱的加机油孔或机油尺孔。

③ 调节光源的亮度，以获得最合适的光照度。

④ 用左手操作上下转角调节钮和锁紧钮，用右手操作左右转角调节钮和锁紧钮，调定后用锁紧钮锁定内窥镜弯曲部的转角。

⑤ 观察总成或机构内部的技术状况，如可观察气缸内部活塞顶是否有积炭、烧蚀等情况，气缸壁是否有拉缸、开裂和严重磨损等情况，进、排气门是否有积炭、结胶、烧损和工作面有麻点等情况。必要时可进行照相、摄像或转接电视显示器进行显示。

4）退出内窥镜

① 确认锁紧钮处于放松位置。

② 确认内窥镜大致处于平直状态（转角调节钮置于中间位置）。

③ 慢慢地从总成或机构的孔中退出。

5）维护内窥镜

① 清洗内窥镜：有脏污斑迹时，用纱布或脱脂棉浸消毒用酒精，挤干后擦洗，再用清

水漂洗干净（手柄部分不能浸水及淋湿）。

② 内窥镜若被射线照射，传像束会折断、变色等，应控制在最少限度使用。

③ 使用前一定要确认内窥镜结构及机能无异常情况。

④ 插入、拔出及平时保管内窥镜时，应确认一下是否已解除弯角锁紧装置。

⑤ 内窥镜内部结构很精细，使用时不要强制弯曲、折叠、扭转、碰撞。

⑥ 内窥镜怕高温、潮湿、灰尘，应注意保管环境。

随着科学技术的发展，电子内窥镜将逐渐取代光纤内窥镜。电子内窥镜不通过光学镜头或光导纤维传导图像，而是通过装在内窥镜前端被称为"微型摄像机"的光电耦合元件CCD将光能转变为电能，再经过图像处理器"重建"高清晰度、色彩逼真的图像并将其显示在监视器屏幕上。它是一种观察起来更为方便和真切的内窥镜。

习题：

1. 当气缸压力的检测结果（　　　）标准值时，说明气缸密封性降低。

2. 发动机进气管（　　　）的大小随着气缸活塞组零件的磨损而变化。

3. 气缸活塞摩擦副磨损、活塞环弹性下降或黏结，导致密封性下降，窜入（　　　）的气体量会增加。

4. 用发动机漏气量检测仪检测时应将（　　　）安装于所测气缸的火花塞孔上，且使活塞处于（　　　）位置。

5. 简述检测气缸压力的方法？检测时应注意哪些事项？

6. 导致曲轴箱窜气量大的因素有哪些？

7. 简述用真空表检测进气管真空度的方法。

任务四　点火系统性能的检测

任务目标

1. 了解点火系统初、次级标准波形的特性与意义。

2. 了解电子点火系统波形的特点。

3. 熟悉点火系统常见故障的波形。

4. 掌握使用示波器检测点火系统的方法和步骤。

5. 能够对所检测点火波形作出分析判断。

6. 掌握用经验法、闪光法、缸压法检测点火正时的方法和步骤。

任务实施

一、用示波器检测点火波形

1. 器材准备

常用工具一套、汽车专用示波器一台、完好的汽油车一辆。

2. 实施步骤

由于使用不同的示波器测试点火波形，因此在测试点火波形前，应仔细阅读示波器的使用说明书。由于被测发动机的点火方式和点火系统的连接方式不完全相同，因此连接的方法也不一样。在测试点火波形前，应确认被测发动机的点火方式。下面以金德 KT600 型示波器（以下简称为 KT600）为例，进行点火波形的检测。

（1）次级点火波形的检测　在测试次级点火波形前，先确认被测试发动机的点火方式。下面就常见的三种点火方式说明示波器的连接方法。

连接 KT600 和电源延长线，根据被测试车型的蓄电池位置选择蓄电池供电或者点烟器供电。KT600 说明书中的连接图都以蓄电池供电为例，如果选择点烟器，则应先确认点烟器是否有 12V 电压。

1）传统点火：在包装箱中找出第 1 缸信号夹和一个容性感应夹，将第 1 缸信号夹一端接 KT600 的 CH5 端口，用信号夹夹住发动机第 1 缸的高压线，查看信号夹上的"此面朝向火花塞"，注意不要夹反；将容性感应夹一端接 CH1 端口，然后用其中的一个夹子夹住高压总线，如图 2-18 所示。

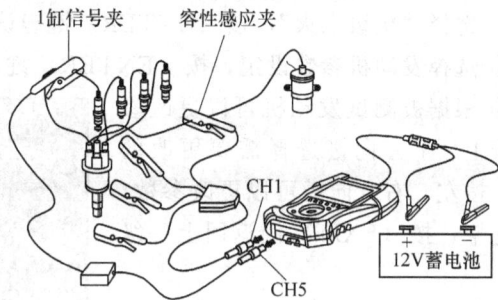

图 2-18　示波器检测传统点火次级波形时的连接方式

2）直接点火：在包装箱中找出第 1 缸信号夹和一个容性感应夹，将第 1 缸信号夹一端接 KT600 的 CH5 端口，用信号夹夹住发动机第 1 缸的高压线，查看信号夹上的"此面朝向火花塞"，注意不要夹反；将容性感应夹一端接 CH1 端口，然后将容性夹分别夹到各气缸高压线上。独立点火次级波形检测时的连接如图 2-19 所示。

3）双头点火：在包装箱中找出第 1 缸信号夹和两个容性感应夹，将第 1 缸信号夹一端接 KT600 的 CH5 端口，用信号夹夹住发动机第 1 缸的高压线，查看信号夹上的"此面朝向火花塞"，注意不要夹反；查看点火线圈的极性，假设一侧是正，那么另一侧肯定为负，相同侧极性相同，共用同一个容性夹，如图 2-20 所示。

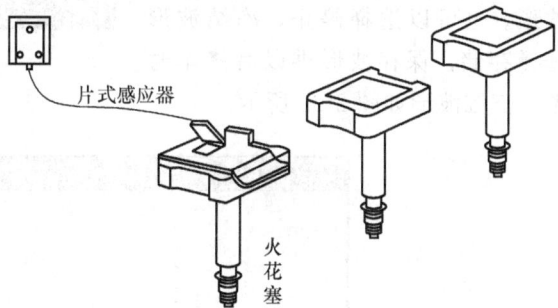

图 2-19　独立点火次级波形检测时的连接方式

测试条件：起动发动机，在不同负荷及速度下测试元件的性能，火花塞、点火连线头及其他次级电路元件的功能在高负荷时可能会不正常，因此应在负荷状态下进行这些测试（在功率试验机上或路试），以确定系统上的故障位置。

测试步骤：

① 按照图 2-20 所示连接好设备，打开 KT600 电源开关。

② 在主菜单下按上、下方向键选择示波分析仪，按〈ENTER〉键确认。

③ 在汽车专用示波器菜单下选择点火系统，按〈ENTER〉键进入点火系统选择菜单。

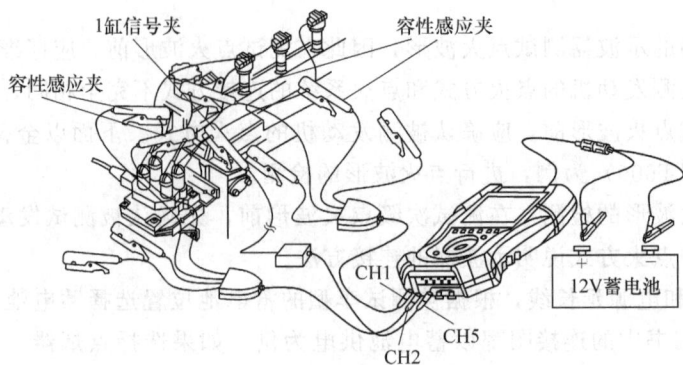

图 2-20　两缸同时进行点火次级波形检测时的连接方式

④ 选择"次级点火"，按〈ENTER〉键确认。

⑤ 选择发动机参数设定，按〈ENTER〉键，屏幕显示如图 2-21 所示。

⑥ 根据被测试发动机可以更改参数，按上、下方向键选择需要更改的项目，按左、右方向键可以更改参数。更改完毕，按〈EXIT〉键返回上一级菜单。

⑦ 按向下方向键选择"次级点火测试"，按〈ENTER〉键确认，按照测试条件，屏幕显示波形。

⑧ 必要时可以选择周期、幅值、电平等参数，然后按上、下方向键改变波形。也可以选择停止，冻结波形后选择存储，保存波形供以后修车时参考。三维波形如图 2-22 所示。

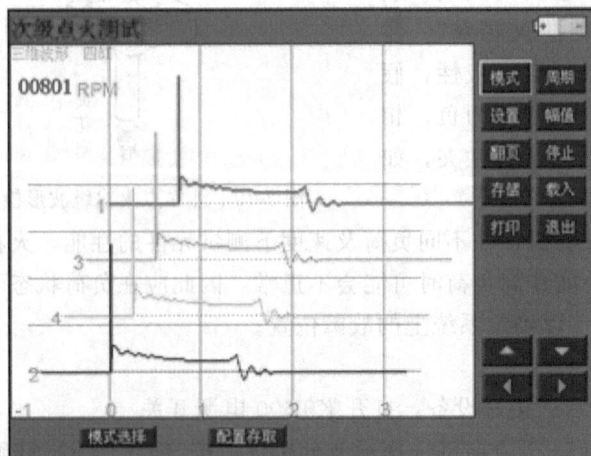

图 2-21　参数设定

图 2-22　三维波形

（2）初级点火闭合角的显示给传统点火的诊断带来方便 电子点火控制系统的出现，使闭合角调整工作不再需要，因为点火闭合角改由 ECU 来控制。但由于点火初级绕组和次级绕组的互感作用，次级电路发生跳火时会反馈给初级电路，因此初级点火一样显得非常重要。

连接设备：连接 KT600 和电源延长线，根据被测试车型的蓄电池位置选择蓄电池供电或者点烟器供电，在此选择蓄电池供电。

在包装箱中找出第 1 缸信号夹和一个测试探针，将第 1 缸信号夹一端接 KT600 的 CH5端口，用信号夹夹住发动机第 1 缸的高压线，查看信号夹上的"此面朝向火花塞"，注意不要夹反；将测试探头一端接 CH1 端口，将测试探针头部衰减开关拨到"×10"位置接点火线圈的"IG-"信号线，如图 2-23 所示。

测试条件：起动发动机，在不同负荷下测试点火系统以检验元件的性能。初级点火模块在高负荷及高温时可能会工作不正常。

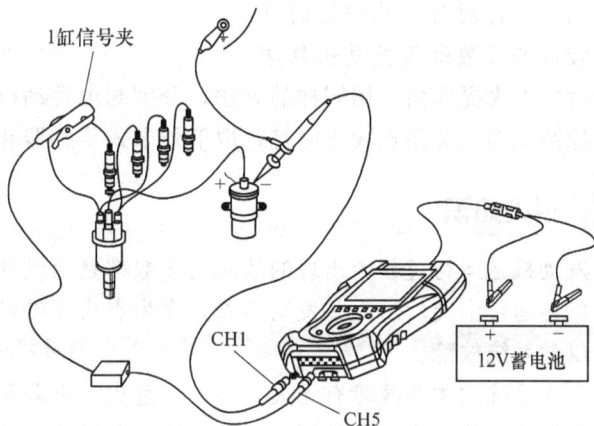

图 2-23 初级点火波形检测时的连接方式

测试步骤：

① 按照图 2-23 连接好设备，打开 KT600 电源开关。

② 在主菜单下按上、下方向键选择示波分析仪，按〈ENTER〉键确认。

③ 在汽车专用示波器菜单下选择"点火系统"，按〈ENTER〉键进入点火系统选择菜单。

④ 选择"初级点火"，按〈ENTER〉键确认。

⑤ 选择发动机参数设定，按〈ENTER〉键确认。

⑥ 根据被测试发动机可以更改参数，按上、下方向键选择需要更改的项目，按左、右方向键可以更改参数。更改完毕，按〈EXIT〉键返回上一级菜单。

⑦ 按向下方向键选择初级点火多缸模式测试，如果是直接点火，则选择初级点火单缸模式，按〈ENTER〉键确认，按照测试条件，屏幕显示波形。

⑧ 必要时可以选择周期、幅值、电平等参数，然后按上下方向键改变波形。也可以选择停止，冻结波形后选择存储，保存波形供以后修车时参考。

二、用点火正时灯检测点火正时

1. 器材准备

常用工具一套、闪光点火正时灯一只、完好的汽油车一辆。

2. 实施步骤

（1）准备工作 将闪光正时灯的两个电源夹夹到蓄电池（12V）的正、负电极上，然后将正时灯的外卡式传感器卡在第 1 缸的高压线上。

（2）发动机的准备 先擦试发动机的飞轮或曲轴带轮上第 1 缸压缩行程的上止点标记，

以便在闪光照耀下看清，再使发动机运转至正常工作温度。

（3）检测 使发动机在急速下稳定运转，打开正时灯并对准飞轮或曲轴带轮上的标记，如图 2-24 所示。

调节正时灯上的电位器，使飞轮或曲轴带轮上的活动标记逐渐与固定指针对齐，此时正时灯指示装置的读数即为发动机急速运转时的点火提前角。用同样的方法，分别测出发动机不同工况时的点火提前角。

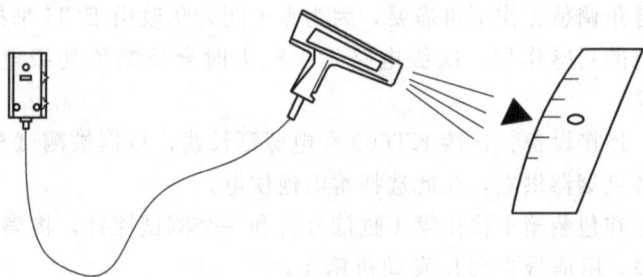

图 2-24　闪光法检测点火正时

检测完毕，关闭点火正时灯，取下外卡式传感器和两个电源夹。

相关知识

发动机在运行过程中出现的故障大多数都是由供油系统和点火系统引起的。一般情况下发动机在运转中突然熄火并发动不着，多为点火系统故障。发动机在运转过程中逐渐熄火，多为供油系统故障。

点火系统的主要故障有无火、缺火、乱火、火弱及点火正时失准等。点火系统故障部位可分为初级电路和次级电路两部分。汽油机各机构、系统中故障率最高的是点火系统，因此点火系统是检测的重点对象。

1. 点火标准波形分析

利用示波器观测点火波形。它将每个气缸的点火电压随着时间变化的关系用波形的形式直观地表现出来，是一种多用途的检测设备。示波器显示信号的速度比一般电子检测设备要快得多，是唯一能即时显示瞬态波形的仪器。汽油机点火示波器是示波器的一种，专门用来检测和诊断汽油机点火系统的技术状况。使用汽车专用的点火示波器可以查看点火系统的工作波形，并根据点火的波形判断点火系统的故障。

当点火示波器连接在运转的汽油机点火系统电路上时，示波器屏幕上将显示出点火系统中的电压随着时间变化的曲线，即点火波形。示波器屏幕显示的波形在垂直方向上表示电压，在水平方向上表示时间，基线的上方为正电压，下方为负电压。

（1）传统点火系统点火波形的特点 示波器可以显示发动机点火过程的三类波形：直列波、重叠波和高压波。通过将所显示的波形与标准波形进行比较，即可诊断出故障所在部位。

1）直列波。发动机工作时，其二次电压的波形即为直列波，调整示波器的左右旋钮，使要观察的某一缸的波形位于屏幕标线的适当位置，此时屏幕上所显示的波形（见图 2-25）即为单缸直列波。

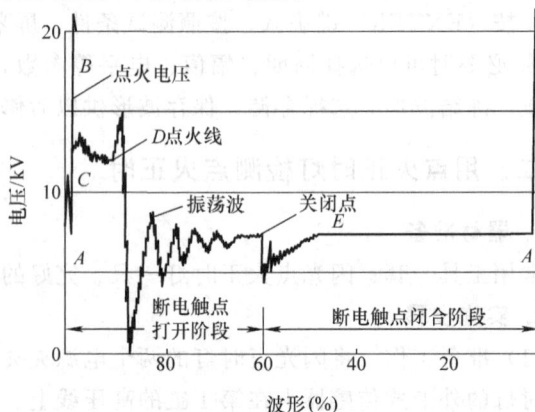

图 2-25　单缸直列波

如果示波器显示的波形与标准不同，则说明点火系统中出现了故障。单缸直列波常见的故障波形如图 2-26 所示。

2）重叠波。重叠波将多缸发动机二次电压的波形重叠在一起。利用重叠波可以检查初级电路的闭合角、断电器凸轮的状况、各缸工作的均匀情况等。

检查时在上述单缸直列波的基础上调出各缸的直列波，并使发动机的转速保持在 1000r/min 左右，按下示波器的重叠波按键，调整各旋钮，使波形位于坐标刻度内。屏幕内出现的重叠波如图 2-27 所示。

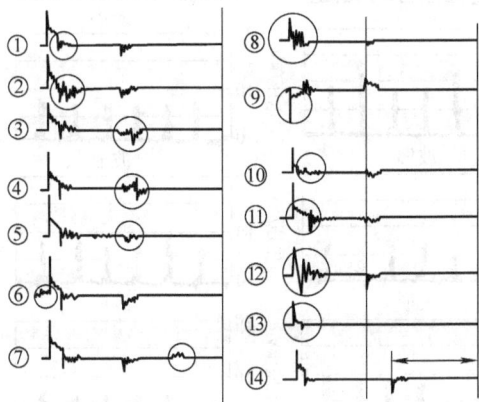

图 2-26　单缸直列波常见的故障波形

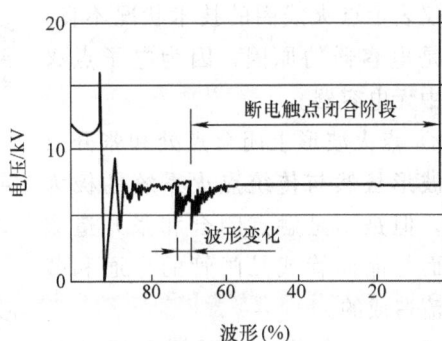

图 2-27　重叠波

在标准重叠波中，初级电路导通时间（触点闭合的时间）所占的比例，四缸发动机为 45%～50%，六缸发动机为 63%～70%，八缸发动机为 64%～71%。此外，要求闭合段波形的变化范围不应超过整个闭合段的 5%。图 2-28 所示为重叠波故障波形。

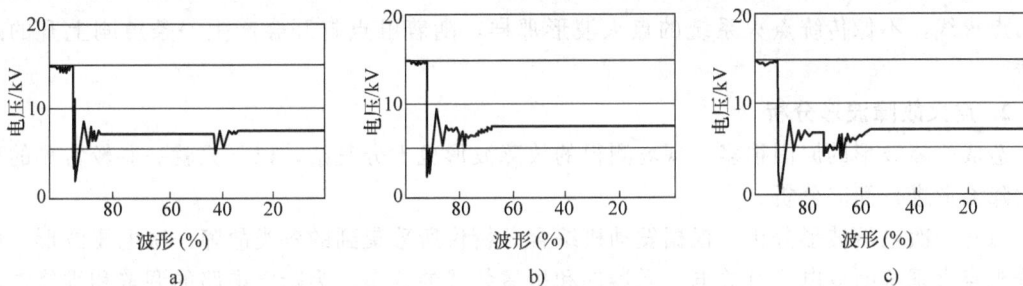

图 2-28　重叠波故障波形

a）四缸发动机　b）六缸发动机　c）八缸发动机

3）高压波。多缸发动机各缸的二次点火电压同时显示于屏幕，即为高压波，一般用于诊断次级电路故障。检查时，先将各缸直列波调出，使发动机转速保持在1500r/min，按下〈KV〉键，调整上下、左右旋钮，把各缸波形调整到屏幕的坐标刻度上，使高压波形底端与横坐标重合。高压波的标准波形如图 2-29 所示。

高压波的常见故障波形如图 2-30 所示。

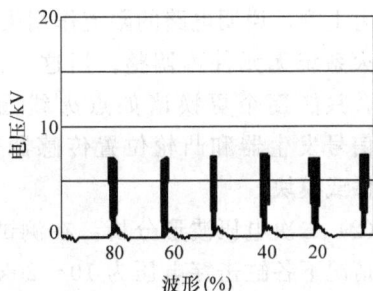

图 2-29　高压波的标准波形

（2）电子点火系统点火波形的特点 随着电子技术的发展，现在汽车上广泛采用了电子点火系统。电子点火系统使得发动机的动力性和经济性大大提高，排放污染物值显著下降。电子点火系统的点火波形与传统点火系统的点火波形相比，波形类别、波形观测方法等均相同。它们的不同之处如下：

1）点火波形上低频振荡波异常时，仅表示点火线圈的技术状况不良，而不是电容器的原因，因为电子点火系统中无电容器。

2）点火波形上闭合点处和张开点处的波形虽然与传统点火系统的极为相似，但是不是触点闭合和张开造成的，而是晶体管或晶闸管的导通和截止电流造成的。

3）点火波形上波形闭合段的长度、形状与传统点火系波形不完全相同，甚至不同的车型之间也略有差异，有的车型该闭合段在发动机高速时加长，这属于正常现象。

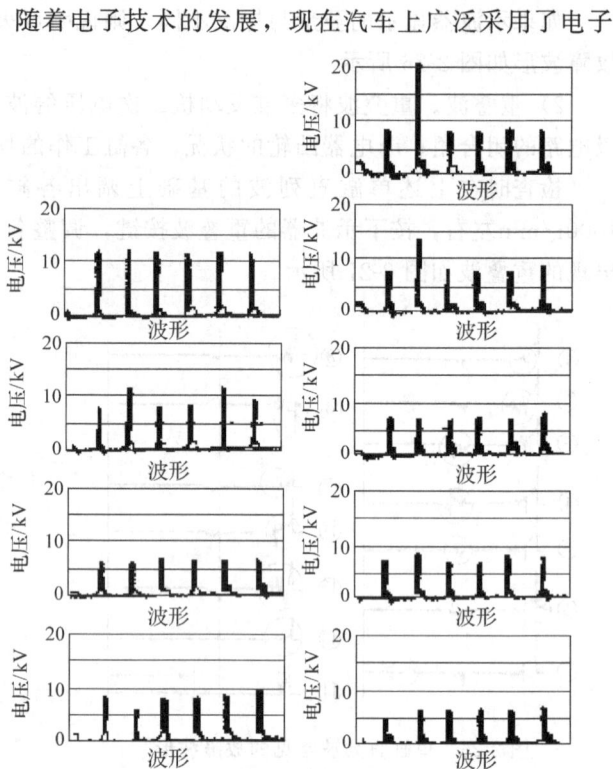

图 2-30　高压波的常见故障波形

4）有的电子点火系统当点火波形闭合段结束时，先产生一条锯齿状的上升斜线，然后导出点火线，不像传统点火系统的点火波形那样，随着触点打开会产生一条急剧上升的点火线。

2. 点火故障波形分析

造成故障波形的原因很多，现场测得的故障波形也十分复杂，以下只就一些较常见的典型故障波形进行简略分析。

（1）一次电压波形分析　根据发动机综合分析仪所采集到的各类故障一次电压波形，可以分析点火系统断电电路有关电气元器件和机械装置的状态，为断电电路的调整和维修提供可靠的依据，以避免盲目拆卸。

如图 2-31 所示为电子点火系统的低压故障波形。对比正常波形，该波形在充磁阶段电压没有上升，说明电路的限流作用失效，无分电器点火系统无元件可调整。当这一波形严重失常时，只能逐个更换诸如点火线圈、点火器、点火信号发生器和凸轮位置传感器等，找出故障器件或模块。

（2）二次电压波形分析　在测试平列波时，正常情况下各缸击穿电压为 10～20kV，各缸差别应不超过 2kV。为了初步检测高压线路，简单易行的方法是首先逐个将各缸火花塞接地。

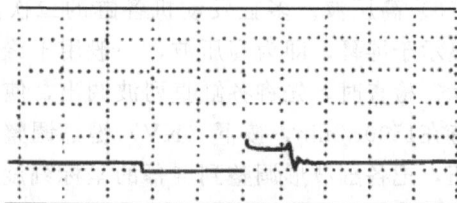

图 2-31　电子点火系统的低压故障波形

例如，第 3 缸火花塞短路的平列波如图 2-32 所示。正常情况下第 3 缸击穿电压应不小于 5kV，否则说明该缸高压系统接地或绝缘不良。

如果将第 3 缸的高压线取下使之开路，正常情况下该缸击穿电压应超过 10kV，如图 2-33 所示。如果击穿电压明显高于这一值，则表明高压系统元件（如高压线、点火线圈）有开路现象。有时低压系统中的电容器严重漏电也会出现这一情况。

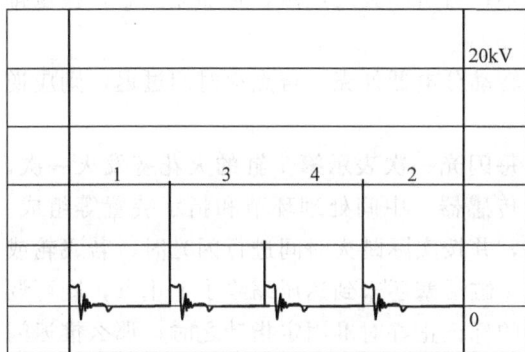

图 2-32　第 3 缸火花塞短路的平列波　　　　图 2-33　第 3 缸高压开路的平列波

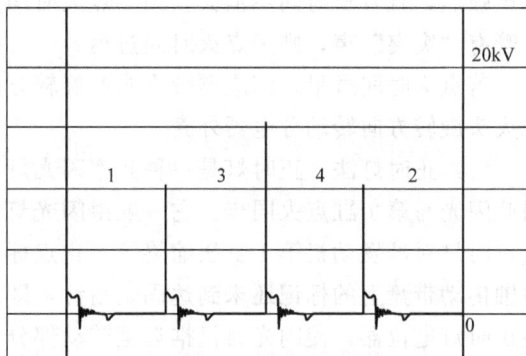

上面分析的一次电压故障波形必将在二次电压波形上有所反映。另外，二次电压波形还受火花塞、燃烧过程、混合气成分、发动机热状态、点火线圈等的影响，情况较为复杂，以上解释只是故障成因的主要侧面。

知识链接

1. 点火正时的检测与校正

发动机的点火正时是非常重要的，能够直接影响汽车的动力性、燃料经济性和排气净化。检测点火正时的方法有人工法、正时灯法和缸压法等。

（1）人工法

① 拆下分电器盖，取下分火头，用手摇把摇转曲轴，使分电器凸轮将断电器触点完全打开，检查并调整触点间隙，使其保持在 0.35～0.45mm 范围内。

② 拆下第 1 缸的火花塞，摇转曲轴，若听到从火花塞孔发出排气声，则说明第 1 缸已处于压缩行程，此时应在慢摇曲轴的同时观察正时标记并使它们对齐，然后停止摇转并抽出摇把。

③ 拆去分电器真空式调节器的连接管路，松开分电器壳与缸体之间的定位螺钉，有辛烷值调节器的应将其调整在"0"的位置上。

④ 用手握住分电器壳，先顺分火头转动方向转动一个角度，使触点闭合，然后再逆分火头转动方向转动一个角度，使触点刚刚打开。

⑤ 拧紧分电器壳定位螺钉，并连接好真空式调节器的管路。

⑥ 插上分火头，扣上分电器盖，分火头指向的插孔即为第 1 缸高压线插孔。插上第 1 缸高压线，将该线的另一端与第 1 缸火花塞连接，然后沿分火头转动方向按点火次序插上其他各缸高压线，并与对应的火花塞连接好。

⑦ 起动发动机并预热，进行无负荷加速试验。当突然打开节气门时，发动机应加速良

好。如果加速不良，且有较严重的金属敲击声（爆燃敲缸声），则为点火过早；如果加速不良且发闷，甚至排气管有"突突"声，则为点火过迟。

⑧ 要想准确检查点火正时，应进行路试。路试时，应选择平坦、坚硬的直线道路或专用跑道，走热后以最高挡时的最低稳定车速行驶，然后突然将加速踏板踩到底，使汽车处于急加速状态。此时，若能听到发动机有轻微的爆燃声且瞬间消失，则为点火正时正确；若爆燃声强烈，且较长时间不消失，则为点火时间过早；若听不到爆燃声，且加速困难，甚至排气管有"突突"声，则为点火时间过迟。

若点火时间过早，则应顺分火头的旋转方向转动分电器外壳；若点火时间过迟，则应逆分火头旋转方向转动分电器外壳。

（2）正时灯法　正时灯是一种频率闪光灯，每闪光一次表示第 1 缸的火花塞发火一次，因此闪光与第 1 缸点火同步。它一般由闪光灯、传感器、中间处理环节和指示装置等组成。当正时灯对准发动机第 1 缸压缩终了上止点标记，并按实际跳火时间进行闪光时，若飞轮或曲轴传动带盘上的标记还未到达固定指针，即第 1 缸活塞还未到达压缩终了上止点，则可调整正时灯电位器，使闪光时机推迟至转动部分上的标记正好对准固定指针之时，那么推迟闪光的时间就是点火提前的时间。将其显示到表头上，便可读出要测的点火提前角。需要说明的是，有些表头指针的角度是分电器凸轮轴转角，对于四冲程发动机来说，换算成曲轴转角时要乘以 2。

（3）用缸压法检测点火正时　用缸压法制成的点火正时仪由缸压传感器、点火传感器、中间处理环节和指示装置等组成。如果仪器带有油压传感器，则还可以检测柴油机供油提前角。国产 QFC—5 型和 WFJ—1 型等发动机综合测试仪，都带有缸压法检测点火（供油）正时的装置。其测量的基本原理是：采用缸压传感器找出某一缸压缩压力的最大点作为活塞上止点，同时用点火传感器（油压传感器）找出同一缸的点火（供油）时刻，两者之间的凸轮轴转角即为点火（供油）提前角，如图 2-34 所示。

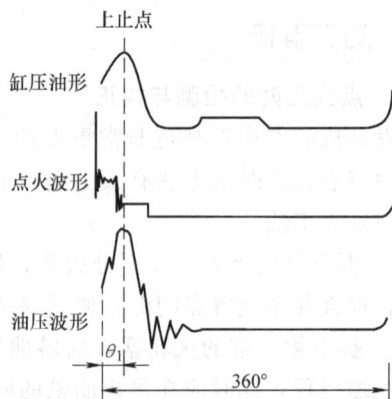

图 2-34　缸压法检测提前角的原理

用该仪器检测点火提前角时，应走热发动机，拆下任意一缸的火花塞，装上缸压传感器。先在拆下的火花塞上插接点火传感器并接上原高压线，再将其放置在机体上使之良好搭铁，然后起动发动机运转。由于被测缸不工作，因此缸压传感器采集的是气缸压缩压力信号，其压力最大点就是活塞压缩终了上止点。拆下的火花塞虽在缸外但仍在跳火，其上的点火传感器可采集到点火开始信号。此时，通过按键或输入操作码，即可从指示装置得到怠速、规定转速或任意转速下的点火提前角及对应的转速。测得的点火提前角若不符合规定，则应在正时仪监测的情况下重新调整，直到符合要求。

当用缸压法和闪光法检测点火正时时，一般仅测得一个缸，可以认为各缸间的点火间隔是相等的，此时被测缸的点火提前角可认为是整台发动机的点火提前角。

（4）电喷发动机点火提前角的检测　电控汽油喷射发动机由电子控制器 ECU 控制点火系统。其点火提前角包括初始点火提前角、基本点火提前角和修正点火提前角三部分。电控汽油喷射发动机的点火提前角一般是不可调的，但需要检测，目的是当发现点火提前角不符合要求时，进一步确定是否为微处理器或传感器存在故障。

电控汽油喷射发动机点火提前角的检测方法与传统发动机相同。

2. 使用示波器时应注意的问题

① 测试点火高压线时，必须使用专用的电容探头，不能将示波器探头直接接入点火次级电路。

② 使用汽车示波器时，注意远离热源（如排气管，催化器等），温度过高时会损坏仪器。

③ 用汽车示波器测试时，要注意使测试线尽量离开风扇叶片、传动带等转动部件。

④ 测试时应确认发动机盖的液压支承是好的，防止发动机盖自动下降时伤及测试人员头部或损坏汽车示波器。

⑤ 路试时，不要将汽车示波器放在仪表台上方，最好是拿在手中测试。

习题：

1. 用示波器检测点火波形时，怎样将示波器与点火系统连接？
2. 如何用闪光法检测点火正时？
3. 次级点火波形分为哪几部分？每段的特点是什么？
4. 点火波形的排列方式有几种？

任务五　柴油机供油系统的检测与波形观测

任务目标

1. 掌握检测柴油机供油系统的方法和步骤。
2. 熟悉柴油机供油系统高压油管压力波形的检测方法。
3. 能够进行柴油机供油系统高压油管压力波形的检测与结果分析。

任务实施

1. 器材准备

常用工具一套、发动机分析仪一台、完好的柴油车一辆。

2. 实施步骤

下面以 CFC—1 型柴油发动机测试仪为例，介绍波形观测方法。被测柴油机为 6 缸发动机，着火次序为 1-5-3-6-2-4。按仪器使用说明书要求，将示波器预热、自校、调试后，将串接式油压传感器按要求安装在高压油管与喷油器之间，或将外卡式油压传感器按要求卡在高压油管上，使经过预热的柴油机处于工作状态，然后通过按键即可在屏幕上出现被测的多缸平列波、多缸并列波、多缸重叠波或全周期单缸波，并可进行以下检测：

（1）高压油管内瞬态压力的检测　使柴油机在 800～1000r/min 的转速下稳定运转，通过按键使屏幕上出现稳定的多缸平列波，再通过选缸键，从多缸平列波上选出被测缸的全周期单缸波。此时，屏幕上仅存在被测缸的全周期单缸波，即可进行该缸高压油管内瞬态压力测量。调节正时灯上的电位器，有一亮点沿全周期单缸波形移动，亮点所在位置的瞬态压力由表头指示。由此可分别测出喷油器针阀开启压力 p_o、关阀压力 p_b、油管最大压力 p_{max} 和油管残余压力 p_r。

当发动机空转且循环供油量很小时，$p_o = p_{max}$，即针阀开启压力等于油管内最大压力。同一台发动机各缸的 p_o、p_b、p_{max} 和 p_r 应该相等，并应符合原厂要求。当喷油压力不符合要求时，应拆下喷油器，在专用喷油器试验器上进行调试。

（2）各缸供油量一致性的检测　经过上一项检测，在各缸 p_o、p_b、p_{max} 和 p_r 一致的情况下，可进一步比较各缸供油量的一致性。先将发动机调到需要的转速，一般是中速或中高速，然后通过按键调出该机多缸重叠波，观测波形Ⅰ、Ⅱ、Ⅲ阶段的重叠情况。若波形三阶段重叠较好，则说明各缸供油量比较一致；若波形三阶段重叠不好，则说明各缸供油量不一致。其中，波形三阶段窄的缸供油量小，波形三阶段宽的缸供油量大。通过选缸键，可以找出是哪一缸的供油量不正常，也可以调出多缸并列波进行比较，但波形幅度要适当调小一些。

应当指出，当各缸供油间隔不一致时，应先按下述（4）检测并调整好供油间隔，再进行各缸供油量一致性的检测。

（3）针阀升程的检测　将被测缸喷油器顶部的回油管拆下，把针阀传感器旋在喷油器上，当传感器上触杆被顶起时（从方孔中观看），将传感器锁紧。使发动机在中速下运转，通过按键使屏幕上出现 6 条并列线，被测缸的针阀升程波形出现在对应的并列线上，如图 2-35 所示。通过针阀升程波形，可检测喷油器针阀的开启、关闭、跳动和喷油器异常喷射等情况。异常喷射是指喷油器间隔喷射、二次喷射、停喷和针阀抖动等不正常喷射现象。间隔喷射和停喷等现象常在喷油量很小的怠速或低速情况下出现，此时的针阀升程波形变得时有时无或针阀升程时大时小。

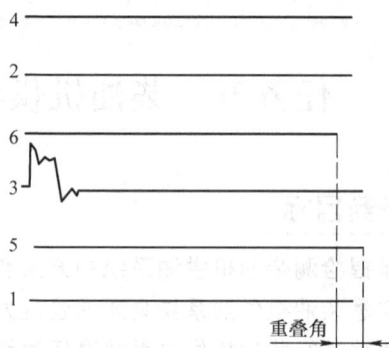

图 2-35　针阀传感器接在第 3 缸时的针阀升程波形

（4）各缸供油间隔的检测　在第 1 缸供油提前角检测出来后，按工作顺序各缸供油间隔应相等，即各缸的供油提前角均等于第 1 缸供油提前角。利用 CFC—1 型柴油发动机综合测试仪检测各缸供油间隔，应在检测针阀升程波形之后接着进行，并且仍保持原来的操作键位。检测时，通过操作有关旋钮使屏幕上的并列线首端与屏幕左边的横标尺零线对齐，而尾端处于屏幕右边横标尺的 60°（喷油泵凸轮轴转角）左右。读取的各线所占屏幕横标尺度数，即为各缸实际供油间隔。各并列线的长度可能是不相等的，其中最短的并列线与最长的并列线之间的重叠区所占凸轮轴转角称为喷油泵重叠角，如图 2-35 所示。重叠角以接近零为好，即各缸供油间隔的误差越小越好。

柴油机按工作顺序的各缸供油间隔式（2-1）计算。

$$供油间隔 = \frac{360°}{缸数} \tag{2-1}$$

可以看出，6 缸柴油机各缸的供油间隔为 60°（凸轮轴转角），而 4 缸、8 缸柴油机的各缸供油间隔分别为90°和45°（凸轮轴转角），因此读数时要注意选择横标尺。

各缸供油间隔也可以用曲轴转角表示。根据规定，实际供油间隔与标准供油间隔相比，其误差应在±0.5°（曲轴转角）范围内。

如果各缸供油间隔不符合要求，则可通过调整喷油泵柱塞与滚轮体之间调整螺钉的高度或更换不同厚度的调整垫块来解决。

相关知识

1. 柴油机的供油压力及波形分析

（1）供油压力分析 柴油机燃料供给系统工作性能的好坏，在很大程度上取决于喷油泵及喷油器的工作质量。喷油泵和喷油器的工作质量可通过高压油管中的压力变化情况及针阀升程情况反映出来。因此，用示波器观测高压油管中的压力波形与喷油泵凸轮轴转角的对应关系，观测喷油器针阀升程与凸轮轴转角及高压油管中压力的对应关系，就可以判断柴油机供给系统的工作是否良好。

图2-36所示为在柴油机有负荷的情况下实测的某缸高压油管内压力 p 和针阀升程 S 随着凸轮轴转角 θ 变化的曲线，从中可以看出针阀升程 S 与压力 p 的对应关系。其中，p_r 为残余压力，p_o 为针阀开启压力，p_b 为针阀关闭压力，p_{max} 为最大压力。在横坐标方向上，整个曲线可划分为三个阶段。其中，Ⅰ为喷油延迟阶段，若调高针阀开启压力 p_o，高压油管渗漏，出油阀偶件或喷油器针阀偶件不密封，随意增加高压油管的长度或增加高压油系统的总容积（若漏装，则减容体）等，都会使这个阶段延长；Ⅱ为主喷油阶段，该阶

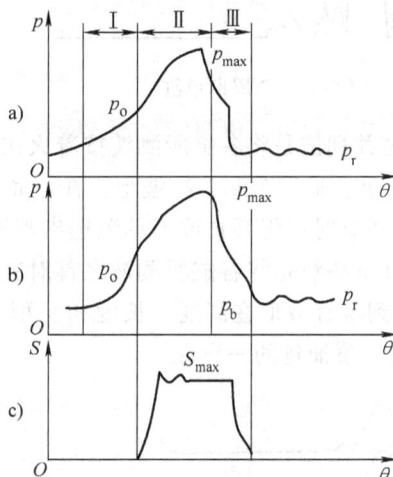

图2-36 高压油管内压力曲线和喷油器针阀升程曲线
a）喷油泵端压力曲线 b）喷油器端压力曲线 c）针阀升程曲线

段的长短主要与柴油机负荷有关，对于柱塞式喷油泵来说，则与柱塞的供油有效行程有关，供油有效行程越长，该阶段越长；Ⅲ为自由膨胀阶段，若高压油管内最大压力 p_{max} 不足，则可使该阶段缩短，反之则使该阶段延长。

从图2-36中可以看出，第Ⅰ、Ⅱ阶段为喷油泵的实际供油阶段，第Ⅱ、Ⅲ阶段为喷油器的实际喷油阶段。在循环供油量一定的情况下，若第Ⅰ阶段延长和第Ⅲ阶段缩短，则喷油器针阀升程所占凸轮轴转角减小，使喷油量减少。反之，若第Ⅰ阶段缩短和第Ⅲ阶段延长，则使喷油量增大。因此，曲线上三个阶段的长短对该缸工作的好坏是有影响的。多缸发动机各缸对应的Ⅰ、Ⅱ、Ⅲ阶段如果不一致，则对发动机工作性能的影响更大。所以，必须将各缸的压力波同时取出，以多种形式进行对比观测。

（2）波形分析 高压油管内的压力波形可用全周期单缸波、多缸平列波、多缸并列波和多缸重叠波四种波进行观测。以下以CFC—1型柴油发动机测试仪所测波形为例进行介绍。

1）全周期单缸波是将某一缸高压油管中的压力随着喷油泵凸轮轴转过360°时的变化情

况显示出来的波，如图 2-37 所示。该波上有一个人工移动的亮点，指针式表头可以指示出亮点所在位置的瞬态压力。因此，移动亮点可测出某缸高压油管中的残余压力 p_r、针阀开启压力 p_o、针阀关闭压力 p_b 和最大压力 p_{max} 等。

2）多缸平列波是以各缸高压油管内的残余压力 p_r 为基线，将各缸波形按着火次序从左向右首尾相连的一种波，如图 2-38 所示。利用该波可观测到各缸 p_o、p_b 和 p_{max} 点在高度上是否一致，因而可用于比较各缸 p_o、p_b 和 p_{max} 值的大小。

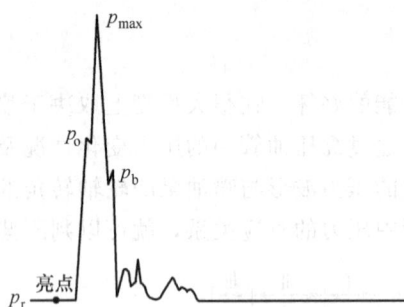

图 2-37　全周期单缸波

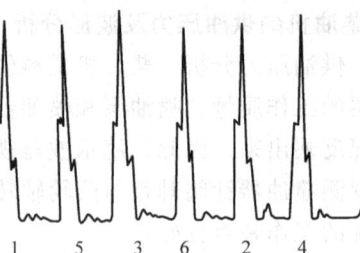

图 2-38　多缸平列波

3）多缸并列波是将各缸所测波按着火次序自下而上单独放置并将其首部对齐的一种波，如图 2-39 所示。通过观测各缸波形三阶段面积的大小，即可用于比较各缸供油量、喷油量的一致性，必要时可将某缸波形单独选出观测。

4）多缸重叠波是将各缸所测波之首对齐并重叠在一起的一种波，如图 2-40 所示。利用该波可观测到各缸波形在高度、长度和面积上的一致程度，可用于比较各缸 p_o、p_b、p_{max}、p_r 和供油量、喷油量的一致性。

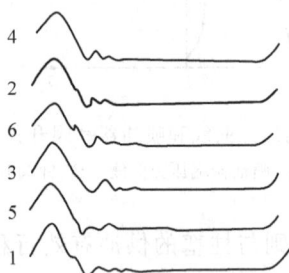

图 2-39　多缸并列波

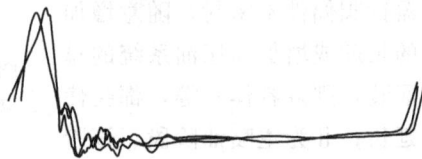

图 2-40　多缸重叠波

除了压力波形的观测外，还可进行针阀升程波形的观测。针阀升程是判断实际喷油情况的重要参数。通过对针阀升程波形的观测，可发现喷油器有无二次喷射、间断喷射和停喷等故障。

2. 柴油机供油正时的检测

供油正时是指喷油泵正确的供油时间，一般用供油提前角表示。供油提前角是指喷油泵第 1 缸柱塞开始供油时，该缸活塞距压缩终了上止点的曲轴转角或凸轮轴转角。柴油在气缸中燃烧存在着火落后期，要想使活塞在压缩终了上止点附近获得最大爆发压力，喷油器必须在该上止点前开始喷油。喷油泵向喷油器供油时，由于高压油管的弹性变形和压力的升高及传递都需要一定时间，因此开始供油时间比开始喷油时间还要提前。

供油提前角的大小对柴油机的工作过程影响很大。当供油提前角过大时，气缸内的速燃期在压缩终了上止点以前发生，即气缸内爆发压力的峰值在活塞到达上止点以前出现，这将造成功率下降、工作粗暴、油耗增加、着火敲击声严重、急速不良、加速无力及起动困难等现象。当供油提前角过小时，气缸内的速燃期在压缩终了上止点以后较远处发生，使爆发压力的峰值降低，同样造成功率下降、油耗增加、加速无力等现象，且会引起发动机过热。

因此，柴油发动机具有一个最佳供油提前角是非常重要的。所谓的最佳供油提前角，是指在转速和供油量一定的情况下，能获得最大功率、最小耗油率和最佳排气净化的供油提前角。对于运行中的柴油车，其发动机的最佳供油提前角应随着转速和供油量的变化而变化。转速越高、供油量越大，最佳供油提前角也应越大。为此，有些柴油机的喷油泵上装有供油提前角自动调节器，能在初始供油提前角的基础上，随着转速的变化自动调节；也有些柴油机仅能根据常用工况（转速和供油量）确定一个固定的最佳供油提前角，在使用过程中不再发生变化。

在柴油机使用过程中，当发觉供油正时有问题或喷油泵拆下检修重新装回发动机时，均需检查并校正供油正时。其方法如下：

（1）用经验法检查并校正供油正时

1）用手摇把摇转柴油机曲轴，使第1缸活塞处于压缩行程中。当固定标记对准飞轮或曲轴带轮上的供油提前角记号或规定角度时，停止摇转。

2）检查喷油泵联轴器从动盘上刻线记号是否与泵壳前端面上的刻线记号对正，如图2-41所示。若两刻线记号正好对正，则说明喷油泵第1缸柱塞开始供油的时间是准确的；若联轴器从动盘刻线记号还未到达泵壳前端面上的刻线记号，则说明第1缸柱塞开始供油时间晚；若联轴器从动盘上的刻线记号已越过泵壳前端面上的刻线记号，则说明第1缸柱塞开始供油时间早。若喷油泵第1缸柱塞开始供油时间过早或过晚，则应松开联轴器固定螺钉，在上述一对刻线记号对正的情况下紧固。

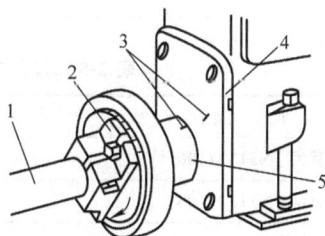

图2-41 喷油泵第1缸开始供油记号
1—驱动轴 2—联轴器主动盘 3—第1缸开始供油记号 4—泵壳前端面 5—联轴器从动盘

3）进行路试。选择平坦、坚硬的直线道路或专用跑道，将汽车走热后以最高挡、最低稳定车速行驶，然后将加速踏板猛踩到底，使汽车急加速运行。此时，若能听到柴油机有轻微的敲击声，且随着车速的提高逐渐消失，则说明供油正时正确；如果听到的敲击声强烈，且车速提高后长时间不消失，则说明供油时间过早；如果听不到着火敲击声，且加速无力、动力不足，则说明供油时间过晚。当供油时间过早或过晚时，只要停车松开喷油泵联轴器，使喷油泵凸轮轴逆转动方向或顺转动方向转动少许，反复调试几次就可使供油正时变得准确。

检查喷油泵第1缸柱塞开始供油时间，也可以采用下述方法：摇转曲轴，使联轴器从动盘上的刻线记号与泵壳前端面的刻线记号对正（此时第1缸柱塞开始供油），然后观察飞轮或曲轴带轮上的供油提前角记号，或规定角度与固定标记的相对位置。若供油提前角记号或规定角度正好与固定标记对正，则说明第1缸柱塞开始供油的提前角是正确的；若供油提前角记号或规定角度还未转到固定标记，则说明第1缸柱塞开始供油的提前角太大，造成供油太早；反之，若供油提前角记号或规定角度已转过固定标记，则说明第 1 缸柱塞开始供油的提前角太小，造成供油太迟。

当把喷油泵从车上拆下并经检修、调试后重新装回时，只要摇转曲轴使供油提前角记号或规定角度与固定标记对正，再使联轴器从动盘与泵壳前端面的两刻线记号对正，在此情况下把联轴器装复并旋紧固定螺钉，就能保证第 1 缸供油正时。如果还有差异，则可在路试中调试。

以上是喷油泵第 1 缸柱塞供油提前角的检查和校正，其他各缸的供油正时是否正确，则取决于各缸间供油间隔是否正确。

（2）用闪光法检测供油正时　用闪光法制成的供油正时仪的组成、结构、工作原理和使用方法与点火正时仪基本相同。常见的柴油机供油正时仪的油压传感器串接在第 1 缸高压油管与喷油器之间或外卡在高压油管上，可使油压变为电信号，并触发频率闪光灯（正时灯）。正时灯每闪光 1 次表示第 1 缸供油 1 次，因此闪光与第 1 缸供油同步。当用正时灯对准柴油机第 1 缸压缩终了上止点标记并按实际供油时间闪光时，可以看到运转中的柴油机在闪光的照耀下，其转动部分（飞轮或曲轴带轮）上的供油提前角记号或规定角度还未到达固定标记，即第 1 缸活塞还未到达上止点。此时，若调整正时灯上的电位器，使闪光逐渐延迟至转动部分上的供油提前角标记或规定角度正好对准固定标记，则延迟闪光的时间就是供油提前的时间，经过变换将其显示到指示装置上，便可读出要测的供油提前角。

柴油机的供油提前角应符合原厂规定。常见车型喷油泵的供油顺序和供油提前角见表 2-5。

表 2-5　常见车型喷油泵的供油顺序和供油提前角

车　　型	供油顺序	供油提前角
黄河 JN1150/100	1-5-3-6-2-4	28°～30°
黄河 JN1150/106	1-5-3-6-2-4	24°±1°
五十铃 TD50A—D	1-4-2-6-3-5	17°
日野 KL 系列	1-4-2-6-3-5	18°
菲亚特 682N3	1-5-3-6-2-4	24°
三菱扶桑 T653BL	1-5-3-6-2-4	带送油阀时为 15°，无送油阀时为 17°
太脱拉 138A	1-6-3-5-4-7-2-8	26°～28°
沃尔沃 GB—88	1-5-3-6-2-4	23°～24°

（3）用缸压法检测供油正时　用缸压法检测柴油机供油正时时，须拆下被测缸的喷油器，在其孔内安上缸压传感器。拆下的喷油器仍应连接在原来的高压油管上，并在两者之间串接上油压传感器。对于有些型号的柴油机，缸压传感器也可以装在预热塞孔或空气起动活门处。检测中，缸压传感器可采集到被测缸的压缩压力信号，其最大压力点就是活塞压缩终了上止点；油压传感器还可采集到供油开始信号，两者之间的曲轴转角即为供油提前角。

汽车底盘的检测

任务一　传动系统游动角度的检测

任务目标

1. 了解数字式游动角度检测仪的作用、类型。
2. 掌握数字式游动角度检测仪的检测原理和使用方法。
3. 正确分析传动系统游动角度的检测结果。

任务实施

一、设备准备

1）数字式游动角度检测仪一部、完好的汽油发动机汽车一辆、举升机一台。
2）将被测试车辆外部清洗干净。

二、实施步骤

将检测仪接好电源，用电缆把检测仪和传感器连接好，先按仪器使用说明书的要求对仪器进行自校，再将转换开关扳到"测量"位置上，即可进行实测。在汽车传动系统中，最便于固定倾角传感器的部位是传动轴。因此，在整个检测过程中，该传感器一直固定在传动轴上。

1. 万向传动装置的游动角度检测

把传动轴置于驱动桥游动范围的中间位置或将驱动桥支起，拉紧驻车制动器，左、右旋转传动轴至极端位置，测量仪便直接显示出固定在传动轴上的传感器的倾斜角度，将两个极端位置的倾斜角度记下，其差值即为万向传动装置的游动角度。此角度不包括传动轴与驱动桥之间的万向节的游动角度。

2. 离合器与变速器及各挡游动角度的检测

放松驻车制动器，将变速器挂入选定挡位，使离合器处于接合状态，将传动轴置于驱动桥游动范围中间位置或将驱动桥支起。左、右旋转传动轴至极端位置，检测仪便显示出传感器的倾斜角度。求出两极端位置倾斜角度的差值，便可得到游动角度值。该游动角度减去已测得的万向传动装置的游动角度，即为离合器与变速器在该挡位下的游动角度。按同样的方法依次挂入各挡位，便可测得离合器与变速器各挡位下的游动角度。

3. 驱动桥游动角度的检测

将变速器置于空挡位置，松开驻车制动器，踩下制动踏板将驱动轮制动。左、右旋转传动轴至极端位置，即可测得驱动桥的游动角度。该角度包括传动轴与驱动桥之间万向节的游动角度。

对于多桥驱动的汽车，分别将传感器固定在变速器与分动器之间的传动轴、前桥传动轴、中桥传动轴和后桥传动轴上，可以检测每段传动轴的游动角度。

在测量仪上读取数值时应注意，显示的角度值在 0°～30° 内有效，若出现大于30°的情况，则可将固定在传动轴上的传感器适当转过一定角度。若其中一极限位置为零度，另一极限位置超过30°，则说明该段游动角度已大于30°，超出了仪器的测量范围。

相关知识

数字式游动角度检测仪的检测范围为 0°～30°，使用的电源电压为直流 12V。

1. 仪器的结构与工作原理

数字式游动角度检测仪由倾角传感器和检测仪两部分组成，两者以电缆相连。

（1）倾角传感器　倾角传感器的原理是将其外壳随着传动轴游动的倾斜角转换为相应频率的电振荡。倾角传感器外壳是一个长方形的壳体，其上部开有 V 形缺口，并配有带卡扣的尼龙带，可方便地固定在传动轴上。倾角传感器的结构如图 3-1 所示。弧形线圈固定在外壳中的夹板上，弧形铁氧体磁棒通过摆杆和心轴支承在夹板的两轴承上，可绕心轴轴线摆动。在重力作用下，摆杆与重力方向始终保持某一夹角 α。当倾角传感器外壳倾斜角度不同时，弧形线圈内弧形磁棒的长度也随之不同，产生的电感量也不同，因而也就改变了电路的振荡频率。可见，倾角传感器实际上是一个倾角-频率转换器。为使倾角传感器摆动后能迅速处于平衡状态，其外壳内装有液压油。

（2）检测仪　检测仪是一台专用的数字式频率计，能直接显示倾角传感器的倾角。

检测仪采用 PMOS 数字集成电路。由倾角传感器送来的振荡信号经计数门进入主计数器，并累计

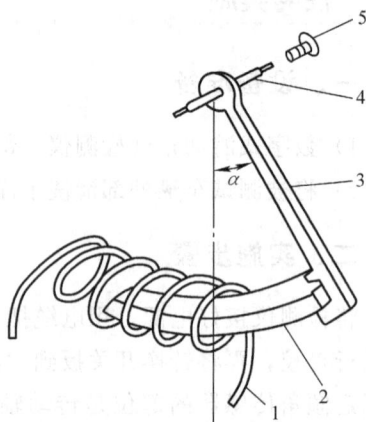

图 3-1　倾角传感器的结构

1—弧形线圈　2—弧形铁氧体磁棒
3—摆杆　4—心轴　5—轴承

脉冲数。计数结束后，在锁存器接收脉冲的作用下，将主计数器的结果送入寄存器，并由荧光数码管将结果显示出来。读出游动范围内两个极端位置的倾角，其差值即为游动角度。

2. 诊断参数标准

目前，我国尚无游动角度的诊断参数标准。根据国外资料，中型载货汽车传动系统游动角度及各分段游动角度应不大于表 3-1 所列数据（仅供诊断时参考）。

表 3-1　游动角度参考数据

部　位	游动角度	部　位	游动角度
离合器与变速器	≤5°～15°	驱动桥	≤55°～65°
万向传动装置	≤5°～6°	传动系统	≤65°～86°

知识链接

1. 传动系统的游动角度

传动系统的游动角度是离合器、变速器、万向传动装置和驱动桥之间的游动角度之和，因此也称为传动系统的总游动角度。它能表明整个传动系统的调整和磨损状况。

2. 传动系统游动常见故障及原因分析

（1）现象　当汽车起步或车速突然改变时，传动系统发出"喔"的一声；将汽车放在水平路面上，使之静止，变速器挂挡，将离合器踏板抬起，松开驻车制动器，用手在车下转动传动轴时，发现间隙很大。

（2）原因

① 离合器从动片与变速器第 1 轴花键配合松旷。

② 变速器传动齿轮啮合间隙太大或滑动齿轮与花键轴配合松旷。

③ 万向传动装置的伸缩节和各万向节等处松旷。

④ 主减速器锥齿轮或差速器的行星齿轮与半轴齿轮、半轴齿轮与半轴花键等处配合间隙太大。

3. 指针式游动角度检测仪及检测方法

（1）仪器的结构与工作原理　指针式游动角度检测仪由指针、刻度盘、测量扳手等几部分组成。在测量过程中，指针固定于主动轴上，刻度盘固定在壳体上，如图 3-2a 所示。测量扳手一端带有 U 形卡嘴，以便卡在十字万向节上。为了适应多种车型，卡嘴上带有可更换的钳口。测量扳手另一端有指针和刻度盘，可指示转动扳手的转矩值，如图 3-2b 所示。

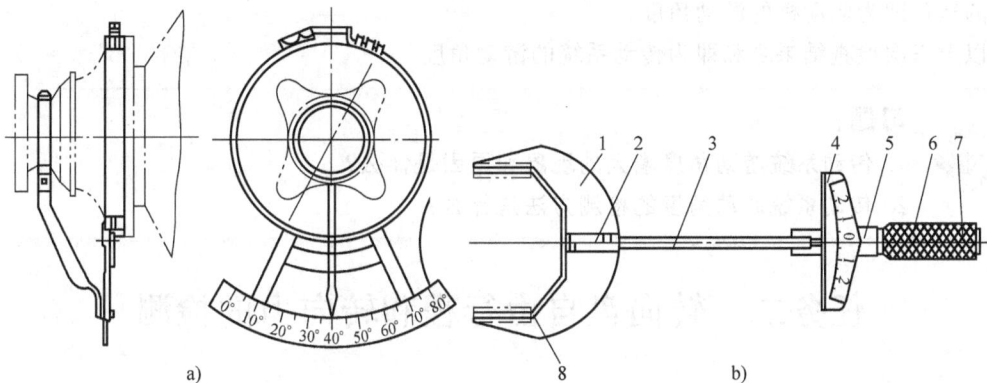

图 3-2　指针式游动角度检测仪

a）指针与刻度盘的安装　b）测量扳手

1—卡嘴　2—指针座　3—指针　4—刻度盘　5—手柄　6—手柄套筒　7—定位销　8—可换钳口

检测传动系统游动角度时，将检测扳手卡在万向节上，用不小于 30N·m 的力矩转动，使之从一个极端位置转到另一个极端位置，刻度盘上指针转过的角度即为所测游动角度。

（2）仪器的使用方法

① 检测驱动桥的游动角度。变速器挂空挡，松开驻车制动器，踩下制动踏板，将驱动轮制动，然后将测量扳手卡在驱动桥主动轴万向节的从动叉上，即可测得驱动桥的游动

角度。

② 检测万向传动装置的游动角度与检测驱动桥游动角度的方法基本相同，只是扳手卡在变速器后端万向节的主动叉上。此时获得的游动角度减去驱动桥的游动角度，即为万向传动装置的游动角度。

③ 检测离合器和变速器的游动角度。放松制动踏板，使离合器处于接合状态，必要时，可支起驱动桥，将测量扳手仍卡在变速器后端万向节的主动叉上，依次挂入各挡，即可获得不同挡位下从离合器到变速器的游动角度。

对上述三段游动角度求和，即可获得传动系统的游动角度。

4. 经验法测游动角度

用经验法检查游动角度时，角度值只能凭经验估算。检查应在热车熄火的情况下进行。用经验法检测传动系统游动角度时可分段进行，然后将各段游动角度求和即可获得传动系统总的游动角度。

（1）离合器与变速器游动角度的检查　使离合区处于结合状态，将变速杆置于将要检查的挡位上，松开驻车制动器，在车下用手将变速器输出轴上的凸缘盘或驻车制动盘从一个极端位置转到另一个极端位置，两个极端位置之间的转角即为在该挡下从离合器至变速器输出端的游动角度。依次挂入每一挡，可获得各挡下的这一游动角度。

（2）万向传动装置游动角度的检查　支起驱动桥，拉紧驻车制动器，在车下用手将驱动桥凸缘盘从一个极端位置转到另一个极端位置，两极端位置之间的转角即为万向传动装置的游动角度。

（3）驱动桥游动角度的检查　松开驻车制动器，将变速杆置于空挡位置，使驱动桥着地或处于制动状态，在车下将驱动桥凸缘盘从一个极端位置转到另一个极端位置，两极端位置之间的转角即为驱动桥的游动角度。

以上三次检查结果之和即为传动系统的游动角度。

习题：
1. 传动系统游动角度增大的现象和原因是什么？
2. 传动系统游动角度的检测方法是什么？

任务二　转向盘自由行程和转向力的检测

任务目标

1. 了解转向参数测量仪的作用、类型。
2. 掌握转向参数测量仪的检测原理和使用方法。
3. 正确分析各转向参数的检测结果。

任务实施

1. 设备准备
转向参数测量仪一部、完好的汽油发动机汽车一辆。

2. 被测试车辆的准备

1）将车辆外部清洗干净。

2）清理轮胎花纹中的石粒。

3）选择平整和有足够空间的场地进行试验。

4）试验汽车应为按厂方规定装备齐全的汽车。试验前应对转向系统、行驶系统特别是前轮定位进行检查和调整，并按规定进行润滑和紧固，轮胎气压必须符合厂方规定。只有认定汽车已符合厂方规定的技术条件，才能进行试验。

3. 实施步骤

（1）安装测力转向盘

① 调整测力转向盘上卡爪的长度，使测力转向盘与被测车辆的转向盘完全对中，然后紧固卡爪上的螺钉，将两个转向盘固定在一起。

② 先将转向角调零，再用吸盘将定位杆吸在汽车前风窗玻璃上，确保不松动。

（2）连接电源　连接转向参数测量仪电源。

（3）测量　将仪器与转向盘连接并固定好，转动操纵盘，转向力通过底板、力矩传感器、连接叉传递到被测转向盘上，使转向盘转动以实现汽车转向。

① 转向角的测量。按下复位键，向左操作转向盘，直至遇到阻力，此时计数器上显示的是转向盘的左向最大自由行程。按下复位键及左右向键，再向右转动转向盘，直至遇到阻力，此时计数器上显示的是转向盘的右向最大自由行程。

② 转向力矩的测量。分别按下复位键和峰值键，向左转动转向盘，直至车轮开始转动，此时计数器上显示的是转向盘的左转向力矩。分别按下复位键、左右向键、峰值键，向右转动转向盘，直至车轮开始转动，此时计数器上显示的是转向盘的右转向力矩。

注意事项：

1）标准杆为敏感元件，它依靠应变片的变形将模拟信号转变为电信号。安装和拆卸测力转向盘时应小心，以免损坏敏感元件。

2）为减小测量误差，应使用多次测量求平均值的方法对汽车的转向参数进行测量，以减小误差。

3）熟悉仪器的使用规则，以免损坏仪器和造成较大的测量误差。

相关知识

1. 国产 ZL—1 型转向参数测量仪的工作原理

ZL—1L 型转向参数测量仪是以计算机为核心的智能仪器，可测得转向盘自由转向量和转向力。该仪器由操纵盘、主机箱（LCD 液晶显示器、大规模集成电路、电子元件和传感器）、连接叉和定位杆四部分组成。操纵盘由螺钉固定在三爪底板上，底板经力矩传感器与三个连接叉相连，每个连接叉上都有一只可伸缩长度的活动卡爪，以便与被测转向盘相连接。测试结果可由显示屏直接显示输出来。定位杆从底板中央伸出，经吸盘吸附在驾驶室前风窗玻璃上。定位杆的内端连接有光电装置，光电装置装在主机箱内的下部，如图 3-3

所示。

主机箱上各功能键的作用：复位键用于清除计数器上的数字；左右向键弹出为左向，按入为右向；峰值键弹出时显示转向角值，按入时显示转向力矩。

2. 用测量仪测量转向盘自由行程和转向力的结果分析

根据《机动车安全技术条件》（GB 7258—2012）的规定，机动车在平坦、硬实、干燥和清洁的道路上行驶，以 10km/h 的速度在 5s 之内沿螺旋线从直线行驶过渡到外圆直径为 25m 的车辆通道行驶，施加于转向盘外缘的最大切向力不得大于 254N。

根据《机动车运行安全技术条件》（GB 7258—2012）的规定，最大设计车速不小于 100km/h 的机动车，其转向盘的最大自由转动量不得大于 15°，三轮汽车不允许大于 35°，其他机动车不允许大于 25°。

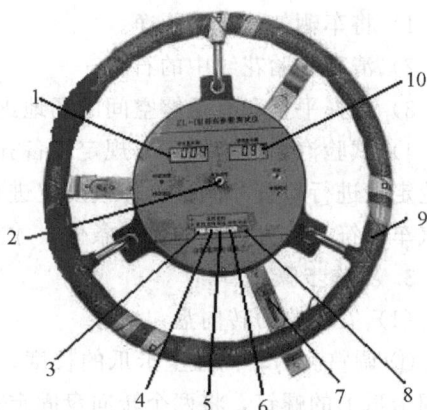

图 3-3　ZL—1 型转向参数测量仪
1—转矩显示器　2—定位杆安装座孔及调零
3—复位　4—左右向　5—峰值　6—保持
7—连接叉　8—电源　9—操纵盘
10—转角显示器

知识链接

1. 转向盘自由行程及转向盘转向力

1）转向盘自由行程是指汽车转向轮保持直线行驶位置静止不动时，转动转向盘所测得的游动角度。

2）转向盘的转向力是指在一定行驶条件下，作用在转向盘外缘上的圆周力。

2. 转向盘自由转动量过大故障的排除

（1）故障现象　当汽车直行时，转向盘左右转动的游动角度过大。

（2）故障原因

① 转向系统的齿轮啮合间隙调整不当。

② 转向系统齿轮箱安装不良。

③ 转向系统齿轮磨损。

④ 转向节磨损。

⑤ 左、右横拉杆连接处磨损。

（3）故障诊断与排除　在自由转动量过大故障的诊断过程中，应重点判明故障是由转向器还是由拉杆轴节磨损造成的。

检查故障时，架起汽车转向轮，左右转动转向盘，若用力转动拉杆才同步运动，则说明拉杆连接处因磨损而旷量过大；若拉杆不动，则说明转向器齿轮的磨损量过大。

3. 转向沉重故障的排除

（1）故障现象　当汽车转弯时，转动转向盘感到吃力，且无回正感。

（2）故障原因　转向沉重的原因与轮胎气压不足及悬架、车轴、转向轮定位所存在的故障有关。与转向系统有关的故障有：

① 齿条和小齿轮啮合间隙过小。

② 转向轴的轴承过紧或损坏。

③ 转向拉杆的球头销与球头座配合过紧。

④ 转向节十字轴配合过紧。

⑤ 前稳定杆变形。

（3）故障诊断与排除　拆下转向节臂并转动转向盘，若仍感到转向沉重，则说明转向器存在故障，如果检查后发现齿轮啮合间隙过小，说明转向柱轴套严重磨损等；若感觉不到转向沉重，则应检查拉杆球头间隙是否过小、车身是否变形、前轮定位角是否满足要求等。

4. 转向力角测量仪

除转向参数测量仪外，还有一种转向力角测量仪。

（1）转向角度的调零　接通电源后，将〈角度/牛顿〉键置于"角度"位置，此时显示转向角度，再分别将〈实时/保持〉键置于"实时"位置，〈测量/标定〉键置于"测量"位置，然后旋转转向盘的标准杆，使数字显示屏读数为零。

（2）转向力的调零　接通电源后，将"角度/牛顿"键置于"牛顿"位置，此时显示转向力的数值。在测力转向盘不受力的情况下，显示为零。若有较小的偏移，则可用小螺钉旋具调整"零点"电位器，直至显示零为止。转向力角测量仪的外形如图3-4所示。转向力角测量仪正面上的"显示屏"的主要作用是显示所要测量的值；"零点"是调整电位器，对仪器进行调零，以使测量较为准确；"增益"也是调整电位器，对仪器的标定值进行调整；"左转/右转""实时/保持"、"转力/转角"和"测量/标定"四个按钮，通过按下和弹出实现功能的转换，根据需要测量转向参数。转向力角测量仪的背面主要是仪器的开关、相关的电源、输入插头和输出插头。对测量线路进行正确的连接，即可实现仪器的功能。

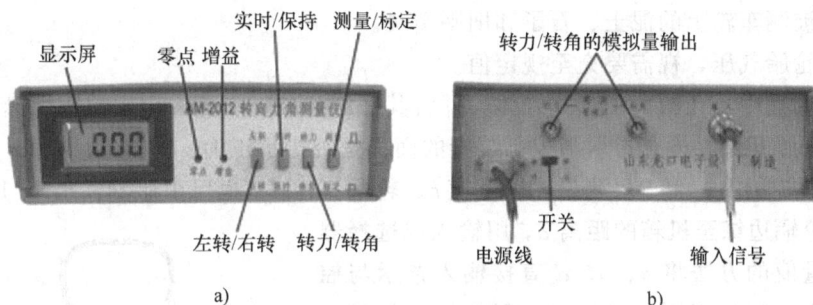

图 3-4　转向力角测量仪的外形

a）仪器正面　b）仪器背面

（3）转向力角测量仪的测量方法　测量时，把转向参数测量仪对准被测转向盘中心，调整好三个连接叉上伸缩卡爪的长度，与转向盘连接并固定好。转动操纵盘，转向力通过底板、力矩传感器、连接叉传递到被测转向盘上，使转向盘转动以实现汽车转向。此时，力矩传感器将转向力矩转变成电信号，而定位杆内端连接的光电装置则将转角的变化转变成电信号。这两种模拟信号通过放大滤波电路和A/D转换器送入计算机，即可测得转向力和转向盘转角。一般的检测方法有3种，即原地转向力试验、低速大转角（8字路行驶）转向力试验和弯道转向力试验。在综检站通常采用原地转向力试验的方法来检测转向盘的转向力。

任务三　车轮平衡度的检测

任务目标

1. 了解离车式车轮平衡机的作用、类型。
2. 掌握离车式车轮平衡机的检测原理和使用方法。
3. 正确分析各项参数的检测结果。

任务实施

1. 设备准备

离车式车轮平衡机一台、带轮胎的车轮一只。

2. 被测试车轮的准备

① 将车轮外部清洗干净。

② 清理轮胎花纹中的石粒。

③ 轮胎气压必须符合厂方规定。

3. 离车式车轮动平衡的检测

① 清除被测车轮上的泥土、石子和旧平衡块。

② 检查轮胎气压，视需要充至规定值。

③ 根据轮辋中心孔的大小选择锥体，并将其仔细地装上车轮，用大螺距螺母拧紧。

④ 打开电源开关，检查指示与控制装置的面板是否指示正确。

⑤ 如图 3-5 所示，用卡尺测量轮辋宽度 b、轮辋直径 d（也可由胎侧读出），用平衡机上的标尺测量轮辋边缘至机箱的距离 a，用输入或选择器旋钮对准测量值的方法将 a、b、d 直接输入指示与控制装置中。为了适应不同计量制式，平衡机上的所有标尺一般都同时标有英制和公制刻度。

⑥ 放下车轮防护罩，按下〈起动〉键，车轮旋转，平衡测试开始，计算机自动采集数据。

⑦ 车轮自动停转或听到"笛"声，按下〈停止〉键并操纵制动装置使车轮停转后，从指示装置读取车轮内、外不平衡量和不平衡位置。

⑧ 抬起车轮防护罩，用手慢慢转动车轮。当指示装置发出指示（音响、指示灯亮、制动、显示点阵或显示检测数据等）时停止转动。在轮辋内侧或外侧的

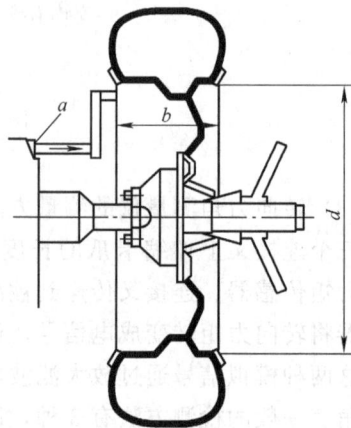

图 3-5　车轮在平衡机上的安装

上部（时钟 12 点位置）加装指示装置显示的质量的平衡块。内、外侧要分别进行，平衡块装夹要牢固。

⑨ 安装平衡块后有可能产生新的不平衡，应重新进行平衡试验，直至不平衡量小于 5g，指示装置显示"00"或"OK"时才符合要求。当不平衡量相差 10g 左右时，若能沿轮辋边缘左右移动平衡块一定角度，则可获得满意的效果。

注意事项：

① 离车式车轮动平衡机主轴固定装置的支架上装有精密的位移传感器和易碎裂的压电晶体传感器，因此严禁冲击和敲打主轴或传感器支架。

② 在检修车轮动平衡机时，传感器的固定螺栓不得松动，因为需要由该螺栓向传感晶体提供必要的预紧力。当此预紧力发生变化时，电算过程将完全失准。

③ 车轮动平衡机的平衡重又称为配重，通常有卡夹式和粘贴式两种类型。卡夹式适用于轮辋有卷边的车轮。铝镁合金轮辋无卷边可夹，可使用粘贴式配重。粘贴式配重的外弯面有不干胶，粘贴于轮辋内各面。

④ 需要指出的是，车轮动平衡机的机械系统和电算电路是针对正常使用条件下平衡失准或轻微受损但仍能使用的车轮而设计的，对因交通事故而导致严重变形的轮辋或胎面大面积剥离的车轮不能进行平衡检测。这是因为不平衡量过大的车轮旋转时的离心力可能损伤车轮动平衡机的传感系统，并且超值的不平衡力可能溢出电算范围而使仪器自动拒绝工作。

⑤ 当不平衡量超过最大配重时，可将两个以上的配重并列使用。但这时要注意，多个配重因占用较大的扇面而会使其有效质量低于实际质量。

⑥ 一般情况下，离车式车轮动平衡机或就车式车轮动平衡机都是分别各自使用的。但对高速行驶的汽车车轮而言，如果用离车式车轮动平衡机平衡后再装在车上行驶，仍会出现不平衡现象。因此，车轮在使用离车式车轮动平衡机平衡后，最好再用就车式车轮动平衡机进行校对。

相关知识

离车式车轮动平衡机（见图 3-6）及其专用卡尺（见图 3-7）

目前应用最多的离车式车轮动平衡机是硬式二面测定车轮动平衡机。该动平衡机一般由驱动装置、转轴与支承装置、显示与控制装置、制动装置、机箱和车轮防护罩等组成。驱动装置一般由电动机、传动机构等组成，可驱动转轴旋转。转轴由两个滚动轴承支承，每个轴承均有一只能将动反力变为电信号的传感器。转轴的外端通过锥体和大螺距螺母等固定安装被测车轮。驱动装置、转轴与支承装置等均装在机箱内。车轮防护罩可防止车轮旋转时其上的平衡块或花纹内夹杂物飞出伤人。制动装置可使车轮停转。

近年来生产的离车式车轮动平衡机的显示与控制装置多为计算机式，具有自动诊断和自动系统，能将传感器的电信号进行计算机运算、分析、判断后显示出不平衡量及相位。为了使显示的不平衡量恰是轮辋边缘所加平衡块的质量，还必须将测得的轮辋直径 d、轮辋宽度 b 和轮辋边缘至平衡机机箱的距离 a（轮辋外悬尺寸），通过键盘或选择器旋钮输入计算机。

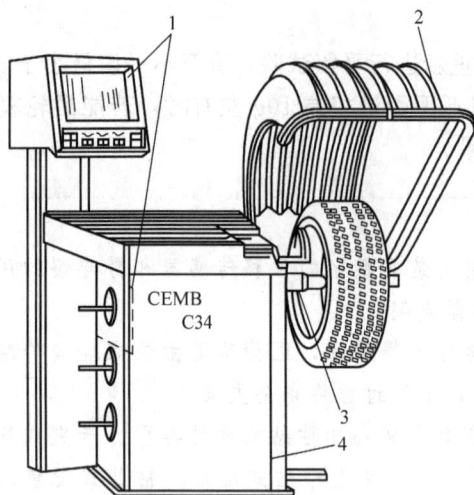

图 3-6　离车式车轮动平衡机

1—显示与控制装置　2—车轮防护罩　3—转轴　4—机箱

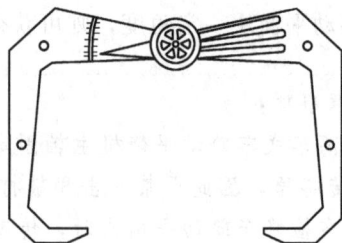

图 3-7　离车式车轮动平衡机的专用卡尺

知识链接

1. 车轮静平衡与静不平衡

支起车轴，调整好轮毂轴承松紧度，用手轻轻转动车轮，使其自然停转。车轮停转后在离地最近处作一标记，然后重复上述试验多次。若车轮经几次转动自然停转后，所做标记的位置各不一样，或强迫停转后，消除外力车轮也不再转动，则车轮为静平衡。静平衡车轮的旋转中心与车轮中心重合。

如果每次试验时车轮上的标记都停在离地最近处，则车轮为静不平衡。静不平衡车轮的旋转中心与车轮中心不重合。

2. 车轮动平衡与动不平衡

图 3-8a 所示，车轮是静平衡的，在该车轮旋转轴线的径向反位置上各有一作用半径相同质量也相同的不平衡点 m_1 与 m_2，且不处于同一平面内。对于这样的车轮，其不平衡点的离心力合力为零，但离心力的合力矩不为零，转动中会产生方向反复变动的力偶 M，使车轮处于动不平衡状态。动不平衡的前轮会绕主销摆动。如果在 m_1 与 m_2 同一作用半径的相反方向上配置相同的质量 m_1' 与 m_2'，则车轮处于动平衡状态，如图 3-8b 所示。动平衡的车轮肯定是静平衡的，因此对车轮主要进行动不平衡检测。

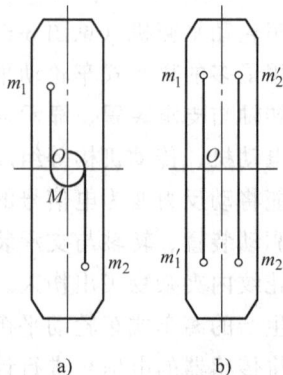

3. 引起车轮不平衡的原因

① 轮毂、制动鼓（盘）加工时定心定位

图 3-8　车轮平衡示意图

a) 车轮静平衡但动不平衡　b) 车轮动平衡且静平衡

不准、加工误差大，非加工面铸造误差大，热处理变形，使用中变形或磨损不均。

② 轮胎螺栓质量不等、轮辋质量分布不均，或径向圆跳动误差、轴向圆跳动误差太大。

③ 轮胎质量分布不均、尺寸或形状误差太大，使用中变形或磨损不均，使用翻新胎或补胎。

④ 并装双胎的充气嘴未相隔180°安装，单胎的充气嘴未与不平衡点标记（经过平衡试验的新轮胎，往往在胎侧标有红、黄、白或浅蓝色的□、△、○、或◇符号，用来表示不平衡点位置）相隔180°安装。

⑤ 轮毂、制动鼓（盘）、轮胎螺栓、轮辋、内胎、衬带、轮胎等拆卸后重新组装成车轮时，累计的不平衡质量或几何误差太大，破坏了原来的平衡。

车轮平衡机也称为车轮平衡仪，用来检测车轮的平衡度。其按功能可分为车轮静平衡机和车轮动平衡机两类；按测量方式可分为离车式车轮平衡机和就车式车轮平衡机两类。

4. 就车式车轮平衡机（见图3-9）

就车式车轮平衡机既可进行静平衡试验，又可进行动平衡试验。

使用就车式车轮平衡机时无需从车上拆下车轮，就车即可测得车轮的平衡状况。就车式车轮平衡机一般由驱动装置、测量装置、指示与控制装置、制动装置和小车等组成，如图3-9和图3-10所示。驱动装置由电动机、转轮等组成，能带动支离地面的车轮转动。测量装置由传感磁头、可调支杆、底座和传感器等组成。它能将车轮不平衡量产生的振动变成电信号，送至指示与控制装置。指示与控制装置由频闪灯、不平衡度表或数字显示屏等组成。频闪灯用来指示车轮不平衡点位置。不平衡度表或数字显示屏用来指示车轮的不平衡量。不平衡量一般有两个挡位，第一挡往往用于初查时的指示，第二挡往往用于装上平衡块后复查时的指示。制动装置用于车轮停转。除测量装置外，车轮动平衡机的其余装置都装在小车上，可方便地移动。

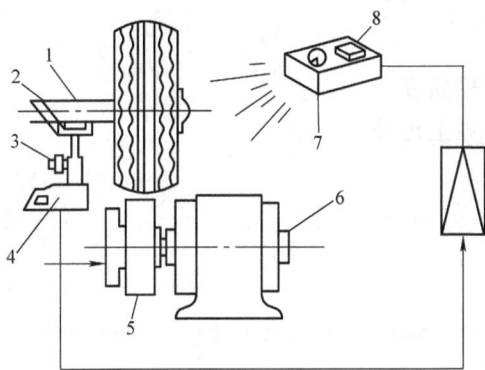

图3-9　就车式车轮平衡机示意图
1—转向节　2—传感磁头　3—可调支杆　4—底盘
5—转轮　6—电动机　7—频闪灯　8—不平衡度表

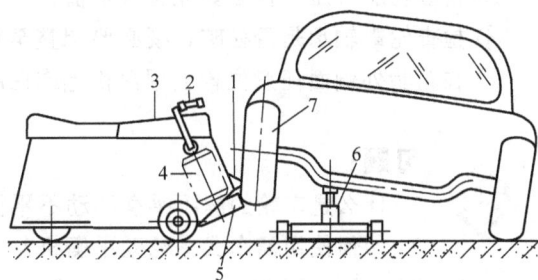

图3-10　就车式车轮平衡机工作图
1—光电传感器　2—手柄　3—仪表板　4—驱动电动机
5—摩擦轮　6—传感器支架　7—被测车轮

就车式车轮平衡机的使用方法如下：

（1）从动轮静平衡

① 用三角垫木塞紧非测试车轮，将就车式车轮平衡机的测量装置推至被测前轮一端的前轴下，然后将传感磁头吸附在悬架下或万向节下，调节可调支杆高度并锁紧。

② 推平衡机至车轮侧面或前面（因车轮平衡机形式不同而异），检查频闪灯工作是否正常，并检查车轮的旋转方向能否使车轮的转动力与前进行驶时方向一致。

③ 操纵平衡机转轮与轮胎接触，起动驱动电动机带动车轮旋转至规定转速。

④ 观察频闪灯照射下的轮胎标记位置，并从指示装置（第一挡）上读取不平衡量数值。

⑤ 操纵平衡机上的制动装置，使车轮停止转动。

⑥ 用手转动车轮，使其上的标记仍处在上述观察位置上，此时轮辋的最上部（时钟 12 点位置）即为加装平衡块的位置。

⑦ 按指示装置显示的不平衡量选择平衡块，牢固地装夹到轮辋边缘上。

⑧ 重新驱动车轮进行复查测试，指示装置用第二挡显示。若车轮平衡度不符合要求，则应调整平衡块质量和位置，直至符合平衡要求。

（2）从动轮动平衡

① 将传感磁头吸附在经过擦拭的制动底板边缘平整之处。

② 操纵平衡机转轮驱动车轮旋转至规定转速，观察轮胎标记位置，读取不平衡量数值，停转车轮后找平衡块加装位置加装平衡块。

（3）驱动轮平衡

① 顶起驱动轮。

② 起动发动机，将车速加速至 50～70km/h 的某一转速下稳定运转。

③ 测试结束后，用汽车制动器使车轮停转。

④ 其他操作与从动轮动、静平衡测试相同。

（4）注意事项

① 用千斤顶支起车轴，两边车轮离地间隙要相等。

② 清除被测车轮上的泥土、石子和旧平衡块。

③ 检查轮胎气压，视必要充至规定值。

④ 检查轮毂轴承是否松旷，视必要调整至规定松紧度。

⑤ 在轮胎外侧面任意位置上用白粉笔或白胶布做上记号。

习题：
1. 什么是车轮的静不平衡和动不平衡？
2. 如何使用离车式车轮动平衡机？

任务四　汽车四轮定位的检测

任务目标

1. 了解四轮定位仪的作用、类型。
2. 掌握四轮定位仪的检测原理和使用方法。
3. 正确分析各项参数的检测结果。

任务实施

1. 设备准备

计算机式四轮定位仪一台、被测试汽车一辆、平台式举升机一台。

2. 待测试车辆的准备

① 将车辆外部清洗干净。

② 清除轮胎花纹中的石粒。

③ 检查轮胎磨损情况，要求各轮胎磨损情况基本一致。

④ 做车轮动平衡试验，动平衡完成后，将车轮装回车上。

⑤ 试验用汽车应为按厂方规定装备齐全的汽车。试验前应对转向系统、行驶系统进行检查和调整，并按规定进行润滑和紧固，轮胎气压必须符合厂方规定。只有认定汽车已符合厂方规定的技术条件时，才能进行试验。

3. 仪器的使用

为便于检测和调整，被检汽车需放在举升平台上，举升平台应处于水平状态，四轮定位仪则安装在举升平台上，如图 3-11 所示。

① 接入电源，但尚不要开启四轮定位仪主机柜后面板开关。

② 将传感器安装在被测汽车的四个车轮上，并注意：使各传感器的安装符号与各车轮对应；旋转传感器夹具上的上、下卡爪，使传感器在车轮上固定牢固。

③ 调整传感器使其处于水平状态，使面板上的水准仪气泡居于中间位置。

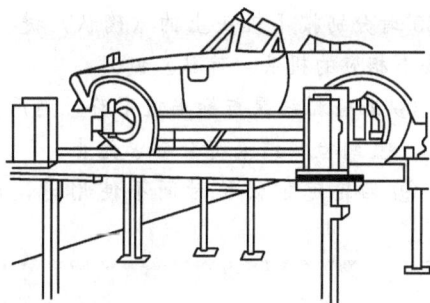

图 3-11　四轮定位仪安装在举升平台上

④ 松开驻车制动器，使前、后车轮转动自如。

⑤ 开计算机主机进入测试程序，输入被测汽车的车型和生产年份。

⑥ 进行轮辋变形补偿，将转向盘置于直驶位置，使每个车轮旋转一周，即可把轮辋变形误差输入计算机。

⑦ 调整举升机，使车轮落到举升平台上，把汽车前部和后部向下压动 4 次或 5 次，使各部位落到实处，并用制动锁压下制动踏板，使汽车处于制动状态。

⑧ 将转向盘左转至计算机显示"OK"，输入左转角度数，然后将转向盘右转至计算机显示"OK"，输入右转角度数。

⑨ 将转向盘回正，计算机显示出后轮的前束及外倾角数值。

⑩ 调节转向盘，并用转向盘锁锁止转向盘，使之不能转动。

⑪ 将安装在四个车轮上的定位校正头的水平仪调到水平线上，此时计算机显示出转向轮的主销后倾角、主销内倾角、转向轮外倾角和前束的数值。计算机将比较各测量数值，得出"无偏差""在允许范围内"或"超出允许范围"的结论。

⑫ 若"超出允许范围"，则按计算机提示的调整方法进行针对性调整。若调整后仍不能解决问题，则应更换有关零部件。

⑬ 再次压试汽车，将转向轮左右转动，观察屏幕上数值有无变化，若有变化，则应重

新调整。

注意事项：

① 电源使用 220V 交流电，接地必须可靠。

② 当车辆举升及下落时，举升架下不得有人，举升后必须放下保险机构。

③ 传感器机头为系统精密部件，应轻拿轻放。测试完毕后，应及时将机头放回并充电。放回机头时注意机头方位，正面朝外，不得反方向放置。

④ 先打开四轮定位仪电源开关，再打开主机电源，随后计算机的 Windows 操作系统启动，再打开四轮定位系统，出现操作窗口。

⑤ 使汽车就位，将两前轮分别置于转角盘中心，装上挂架、机头（机头应调水平），打开机头开关，将车头调正，然后制动。

⑥ 屏幕上出现一个转向盘和需转动转向盘的方向，按指示方向转动转向盘，直到检测到车头提示后，单击"退出"按钮，系统自动进入测量命令子菜单窗口。此时用转向盘固定器将转向盘固定。

⑦ 单击任一项检测按钮进行检测。按屏幕上箭头的方向顺、逆时针转动转向盘，到达 20°时分别按下机头上的〈确认〉键（左右轮到达 20°的时间不同，以转盘刻度为准，再按下相应的机头〈确认〉键）。

⑧ 若检测结果与标准值不符，则用户可根据检测值对车体做一定的调整，然后再次检测，直到检测结果符合要求为止。

⑨ 四轮定位仪长时间不使用时，应关闭机头开关，以免无谓放电，耗损蓄电池电量。

相关知识

1. 四轮定位仪的结构与组成

计算机式四轮定位仪由主机、显示器、打印机、前后车轮检测传感器、传感器支架、转盘、制动锁、转向盘锁及导线等构成。它配有专用软件和数据光盘，可读取各种汽车的四轮定位参数，且可更新，还配有数码视频图像数据库，可显示检查和调整位置等。

2. 四轮定位的结果分析

（1）跑偏

① 当前轮主销后倾角左右不对称，偏差超过 0.5°时，车辆向主销后倾角小的一侧跑偏。

② 当前轮外倾角左右不对称，偏差超过 0.5°时，车辆向前轮外倾角正值最大的一侧跑偏。

③ 当后轮外倾角左右不对称，偏差超过 0.5°时，车辆向后轮外倾角最小的一侧跑偏。

④ 根据前后轴的退缩角可以观察到车辆轴距的变化。如果前轮退缩角左右超过 0.2°，就会出现可感觉到的跑偏，跑偏朝向轴距小的一侧。

（2）吃胎（即轮胎不均衡磨损）

① 若前轮前束不符合标准，则前左右轮同时吃胎。

② 若前轮单轮吃胎，则外倾角不标准。

由于四轮定位仪无法测知所有跑偏因素，所以有可能从定位仪上看一切正常，但车辆仍然跑偏，这时就要逐项排查。

（3）车辆发飘 主销后倾角接近于零或主销后倾角为负。

（4）转向盘沉重

① 主销后倾角过大。

② 外倾角不标准。

> 注意：
>
> 在实际的四轮定位仪使用过程中，经常会遇见车辆原本不跑偏或轻微跑偏，但在调整前轮前束后出现跑偏或跑偏加重现象。人们很容易把这一现象归因于前束调整。实则不然，因为车辆在直行时总是处于左右两轮前束相等的位置，所以前轮前束本身并不会造成跑偏。但是如果前轮前束不对，轮胎与地面间的摩擦力就会加大，反而可以掩盖跑偏现象。事实上此时车辆是由于其他原因已经具有跑偏倾向，不过是被掩盖了而已。跑偏倾向被掩盖时，往往表现出吃胎较为严重。此时如果不综合性地分析跑偏因素而盲目地调整前束，则会把原本不严重的跑偏故障彰显出来。所以一定要综合分析，综合治疗。

3. 调整

只有在综合分析、综合诊断的基础上，才能对车辆定位角度进行调整。操作人员应对定位角度调整后的效果有清晰的预期。调整的顺序如下：

（1）先调后轴两轮 调后轮外倾角、后轮束角。

（2）后调前轴两轮 如果转向束角不对，则更换转向臂→主销后倾角（对有发动机托架的车辆，往往要先调整发动机托架）→外倾角→束角（此时转向盘水平锁正）。

（3）四轮定位的调整要领 车辆调整的顺序规则是：先调后轮，再调前轮；后轮先调外倾角，再调束角；前轮先调主销后倾角，再调外倾角，最后再调前束角。

知识链接

1. 四轮定位内容

四轮定位仪可检测的项目包括：前轮前束、前轮外倾角、主销后倾角、主销内倾角、后轮前束、后轮外倾角、轮距、轴距、推力角和左右轴距差等。

2. 四轮定位仪无法测知的跑偏因素

① 侧滑，多数由轮胎引起。

② 胎压不均匀。

③ 制动不对称、打滑。

④ 转向助力不平衡。

⑤ 悬架零件磨损。

3. 四轮定位仪无法测知的吃胎因素

① 不良驾驶习惯。

② 轮胎压力过高，吃轮胎胎面中心线附近。

③ 轮胎压力过低，同时吃轮胎两侧。

④ 底盘零件有问题。

习题：

1. 四轮定位内容有哪些？

2. 四轮定位仪的功能与特点有哪些？

任务五　悬架装置的检测

任务目标

1. 了解共振式悬架装置检测台的作用、类型。

2. 掌握共振式悬架装置检测台的检测原理和使用方法。

3. 正确分析各项参数的检测结果。

任务实施

1. 设备准备

共振式悬架装置检测台一台、被测试汽车一辆。

2. 被测试车辆的准备

① 将车辆外部清洗干净。

② 汽车轮胎规格和气压应符合规定值，车辆空载，不乘人。

③ 被测试汽车应为按厂方规定装备齐全的汽车。测试前应对转向系统、行驶系统进行检查和调整，并按规定进行润滑和紧固，轮胎气压必须符合厂方规定。只有认定汽车已符合厂方规定的技术条件时，才能进行测试。

3. 用检测台检测悬架特性

① 将车辆每轴车轮均驶上悬架检测台，使轮胎位于台面的中央位置，驾驶人离车。

② 起动检测台，用激振器迫使汽车悬架产生振动，使振动频率增加至超过振荡的共振频率。

③ 在共振点过后，将激振源关闭，使振动频率减小，并使其通过共振点。

④ 此时用计算机记录衰减振动曲线（纵坐标为动态轮荷，横坐标为时间），测量共振时的动态轮荷，计算并显示动态轮荷与静态轮荷的百分比及同轴左右轮百分比的差值。

相关知识

1. 共振式悬架装置检测台的工作原理

如图 3-12 所示，通过试验台上由电动机、偏心轮、蓄能飞轮和弹簧组成的激振器，迫使试验台台面及其上被检测汽车的悬架装置产生振动。在开机数秒后断开电动机电源，从而由蓄能飞轮产生扫频激振。由于电动机的频率比车轮固有频率高，因此通过蓄能飞轮逐渐降速的扫频激振过程总可以扫到车轮固有振动频率处，从而使试验台台面—汽车系统产生共振。通过检测激振后振动衰减过程中力或位移的振动曲线，求出频率和衰减特性，便可判断悬架装置减振器的工作性能。

图 3-12 共振式悬架装置检测台
1—蓄能飞轮 2—电动机 3—偏心轮 4—激振弹簧 5—试验台台面 6—测量装置

测力式悬架装置检测台在检测时测振动衰减过程中的力，测位移式悬架装置检测台在检测时测振动衰减过程中的位移量。它们的结构如图 3-13 所示。共振式悬架装置检测台由于性能稳定、数据可靠，因此应用广泛。

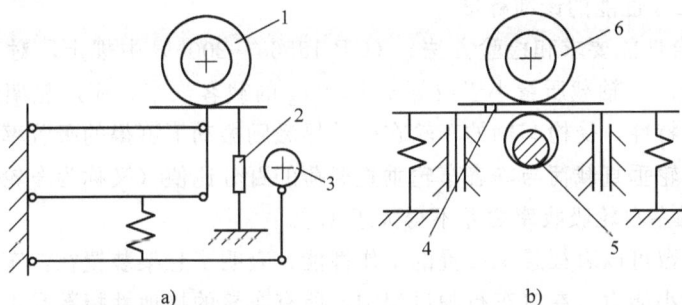

a)   b)

图 3-13 测力式悬架装置检测台和测位移式悬架装置检测台的结构
a）测位移式悬架装置检测台 b）测力式悬架装置检测台
1、6—车轮 2—位移传感器 3—偏心轮 4—力传感器 5—偏心轴

2. 共振式悬架装置检测台的结构

共振式悬架装置检测台一般由机械部分和电子电器控制部分组成。

（1）机械部分 共振式悬架装置检测台的机械部分由箱体和左右两套相同的振动系统构成，如图 3-14 所示。每套振动系统由上摆臂、中摆臂、下摆臂、支承台面、激振弹簧、驱动电动机、蓄能飞轮和传感器等构成。传感器一端固定在箱体上，另一端固定在台面上。

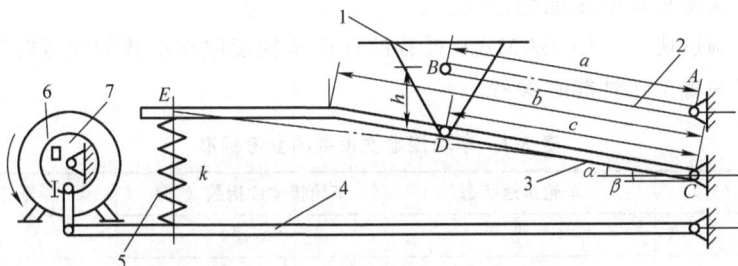

图 3-14 共振式悬架装置检测台单轮支承结构简图
1—支承台面 2—上摆臂 3—中摆臂 4—下摆臂 5—激振弹簧 6—驱动电动机 7—偏心惯性结构

上摆臂、中摆臂和下摆臂通过三个摆臂轴和六个轴承安装在箱体上。上摆臂和中摆臂与支承台面连接，并构成平行四边形的四连杆机构，以保证上下运动时能平行移动，以及台面受载时始终保持水平。中摆臂和下摆臂端部之间装有弹簧。

驱动电动机的一端装有蓄能飞轮，另一端装有凸缘，凸缘上有偏心轴。连接杆一端通过轴承和偏心轴连接，另一端和下摆臂端部连接。

检测时，将汽车驶上支承平台，启动测试程序，驱动电动机带动偏心机构使整个汽车—台面系统振动。激振数秒钟达到角频率为 ω_0 的稳定强迫振动后，断开驱动电动机电源，接着由蓄能飞轮以起始频率为 ω_0 的角频率进行扫频激振。由于停在台面上的车轮的固有频率处于 ω_0 和 0 之间，因此蓄能飞轮的扫频激振总能使汽车—台面系统产生共振。在断开驱动电动机电源的同时，起动采样测试装置，记录数据和波形，然后进行分析、处理和评价。

（2）电子电器控制部分　共振式悬架装置检测台的电子电器控制部分主要由计算机、传感器、A/D 转换器、电磁继电器及控制软件等组成。控制软件是共振式悬架装置检测台电子电器控制部分与机械部分联系的桥梁。控制软件不仅能实现对共振式悬架装置检测台测试过程的控制，而且能对其所采集的数据进行分析和处理，并最终将检测结果显示和打印出来。

3. 悬架装置工作性能的诊断标准

《营运车辆综合性能要求和检验方法》（GB 18565—2001）中规定，对于最大设计车速大于或等于 100km/h、轴载质量小于或等于 1500kg 的载客汽车，应用悬架装置检测台按规定的方法检测悬架特性，受检车辆的车轮在受外界激励振动下测得的吸收率，即被测汽车共振时的最小动态车轮垂直载荷与静态车轮垂直载荷的百分比值（又称为车轮接地性指数）应不小于 40%，同轴左右轮吸收率之差不得大于 15%。

车轮接地性指数可以表征悬架装置的工作性能，表明了悬架装置在汽车行驶中确保车轮与路面相接触的最小能力。在汽车行驶过程中，所有车轮的接地性指数是不一样的，这是由各轮悬架装置工作性能不一、各轮承受载荷不一、各轮气压不一等原因造成的。如果在检测台上人为使各轮承受的载荷和轮胎气压一致，那么车轮接地性指数就主要取决于悬架装置的工作性能。因此，完全可以用车轮接地性指数评价悬架装置的工作性能。

在欧美一些国家，悬架装置检测台已被广泛应用在检测汽车悬架装置工作性能上。欧洲使用的悬架装置检测台的主要生产厂家有德国的 HOFMANN 公司和意大利的 CEMB 公司等。它们生产的悬架装置检测台在检测中，悬架装置检测台台板连同其上的被检汽车按正弦规律做垂直振动，激振振幅固定而频率变化，力传感器感应到车轮作用到台板上的垂直作用力，并将力信号存入存储器，在对全车所有车轮悬架装置检测完后，计算机将力信号进行分析和处理，便可获得车轮的接地性指数。

欧洲减振器制造协会（EUSAMA）推荐的评价车轮接地性指数的参考标准见表 3-2，可供我国检测悬架装置工作性能时参考。

表 3-2　车轮接地性指数的参考标准

车轮接地性指数（%）	车轮接地状态	车轮接地性指数（%）	车轮接地状态
60～100	优	20～30	差
45～60	良	1～20	很差
30～45	一般	0	车轮打滑

知识链接

除上面介绍的试验台检测法外，人们常用的方法还有经验法。经验法主要从外部检查悬架装置的弹簧是否断裂，弹簧和导向装置的连接螺栓是否松动，减振器是否漏油、缺油和损坏等项目，以及通过人工按压车体，使车体上下振动，观察悬架装置减振器和各部件的工作情况，凭经验判断是否需要更换或修理减振器和其他部件。

显然，上述方法存在主观因素大，可靠性差，只能定性分析而不能定量分析等问题。

习题：
1. 悬架装置检测台的基本结构和工作原理是什么？
2. 悬架装置的工作性能有哪些检测方法？

单元四

整车的检测

任务一　汽车动力性能的检测

任务目标

1. 了解汽车动力性能的检测方法。
2. 掌握底盘测功试验台的结构与工作原理。
3. 掌握用底盘测功试验台检测汽车动力性能的方法和步骤。
4. 熟悉影响汽车底盘输出功率测定值的因素。

任务实施

一、器材准备

底盘测功试验台一台、完好的汽油车一辆。

二、认识设备

底盘测功试验台一般由滚筒装置、功率吸收装置（即加载装置）、测量装置、控制装置四部分组成。图 4-1 所示为国产 DCG—10C 型汽车底盘测功试验台机械部分的结构。该试验台采用美国 Intel 公司生产的单片机作为系统的控制核心，适用于轴质量不大于 10t、驱动车轮输出功率不大于 150kW 的车辆的检测。

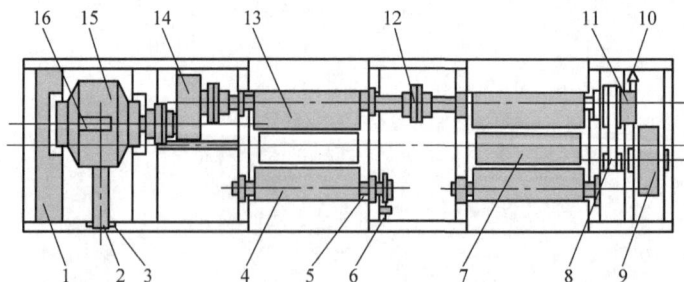

图 4-1　国产 DCG—10C 型汽车底盘测功试验台机械部分的结构

1—框架　2—测力杠杆　3—压力传感器　4—从动滚筒　5—轴承座　6—速度传感器　7—举升装置
8—带轮　9—飞轮　10—电刷　11—离合器　12—联轴器　13—主动滚筒　14—变速器
15—电涡流测功器　16—冷却液入口

78

（1）滚筒装置 滚筒相当于连续移动的路面，被检汽车的车轮在其上滚动。滚筒有单滚筒和双滚筒两种。双滚筒结构简单，安装使用方便，且成本较低，因而使用广泛。

滚筒表面形状不同，有光滚筒、滚花滚筒、带槽滚筒和带涂覆层滚筒等多种形式。光滚筒目前应用最多，虽然其附着系数较低，但是车轮与光滚筒间的附着能力可以产生足够的牵引力。

（2）功率吸收装置（即加载装置） 功率吸收装置用来模拟车辆在道路上行驶所受的各种阻力。常用的功率吸收装置有水力测功器、直流电动机电力测功器和电涡流测功器，目前多采用电涡流测功器。

（3）测量装置 测功器不能直接测出汽车驱动轮的输出功率值，它需要测出驱动轮旋转运动时的转速与转矩或直线运动时的速度与牵引力，再换算成其功率值。所以，测功试验台必须配有测力装置与测速装置。

测力装置有机械式、液压式和电测式三种形式，目前应用较多的是电测式。电测式测力装置通过测力传感器将力变成电信号，经处理后送到指示装置显示出来。

测速装置多为电测式，一般由速度传感器、中间处理装置和指示装置组成。速度传感器安装在从动滚筒一端，随滚筒一起转动，能把滚筒的转动变为电信号。

功率指示装置在计算机控制的底盘测功试验台上。在测力传感器和速度传感器输出的电信号送入计算机处理后，指示装置直接显示驱动轮的输出功率。

（4）控制装置 底盘测功试验台的控制装置和指示装置往往制成一体，形成柜式结构。图4-2为国产DCG—10C型底盘测功试验台控制柜面板图。控制柜上的按键、显示窗、旋钮、功能灯、警告灯、指示灯等用来控制试验过程，显示或打印试验结果。

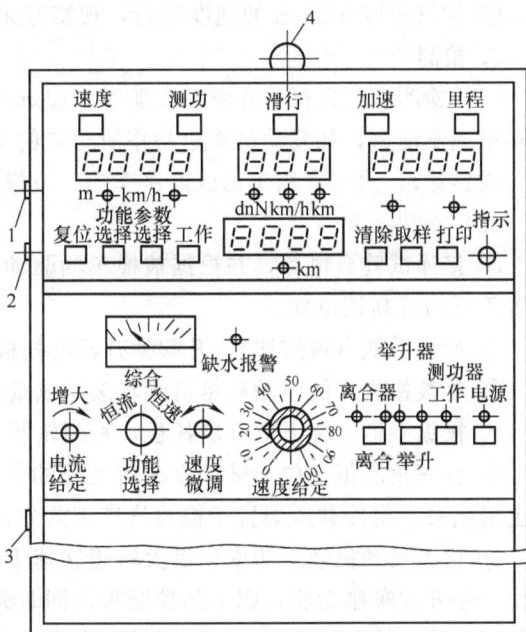

图4-2 控制柜面板图
1—取样盒插座 2—打印机数据线插座
3—打印机电源线插座 4—警告灯

三、实施步骤

1. 被测试车辆的准备

① 将车辆外部清洗干净。

② 不允许轮胎花纹中夹有石粒。

③ 轮胎气压应符合标准。

④ 发动机油底壳内的机油油位应在允许范围内。

⑤ 发动机机油压力应在允许范围内。

⑥ 发动机冷却系统的工作应正常。

⑦ 自动变速器（液力变矩器）的液位应在规定的范围内。

⑧ 汽车发动机和底盘经过维护，供油系统和点火系统处于最佳工作状态。

⑨ 运行走热全车。

2. 测功试验台的准备

① 对于水冷测功试验台，应将冷却水阀打开。

② 接通电源，升起举升器托板，根据被检车的功率选择测试功率的挡位。

③ 将两个三角木抵在停在地面上的车轮的前方，防止汽车在检测中由于误操作而冲出去。

④ 为防止发动机过热，将一台冷却风扇置于被检汽车前方约 0.5m 处，对发动机吹风。

⑤ 使汽车以 5km/h 的速度运行，观察有无异常，看水表指示灯是否点亮。

3. 检测

（1）检测点的选择　在测功试验时，应选择几个有代表性的工况来测试汽车驱动轮的输出功率或驱动力，如发动机额定功率所对应的车速（或转速），发动机最大转矩所对应的车速（或转速），汽车常用车速或经济车速，或根据交通管理部门的要求选择检测点。

（2）测功步骤

① 接通试验台电源，并根据被检车辆驱动轮输出功率的大小，将功率指示表的转换开关置于低挡或高挡位置。

② 操纵手柄（或按钮），升起举升器的托板。

③ 将被检汽车的驱动轮尽可能与滚筒成垂直状态停放在试验台滚筒间的举升器托板上。

④ 操纵手柄，降下举升器托板，直到轮胎与举升器托板完全脱离为止。

⑤ 将三角木抵在位于试验台滚筒之外的一对车轮的前方，以防止汽车在检测时从试验台上滑出去。将冷却风扇置于被检汽车正前方，并接通电源。

⑥ 检测发动机额定功率和最大转矩转速下的输出功率或驱动力时，将变速器挂入选定挡位，松开驻车制动器，踩下加速踏板，同时调节测功器制动力矩对滚筒加载，使发动机在节气门全开的情况下以额定转速运转，在发动机转速稳定后，读取并打印驱动车轮的输出功率（或驱动力）值、车速值，然后在节气门全开的情况下继续对滚筒加载，至发动机转速降至最大转矩转速并稳定运转时，读取并打印驱动力（或输出功率）值、车速值。

若需测出驱动车轮在变速器不同挡位下的输出功率或驱动力，则要依次挂入每一挡，按上述方法进行检测。当发动机发出额定功率时，挂直接挡，可测得驱动车轮的额定输出功率；当发动机发出最大转矩时，挂1挡，可测得驱动车轮的最大驱动力。

发动机全负荷选定车速下输出功率或驱动力的检测，是在踩下加速踏板的同时调节测功器的制动力矩对滚筒加载，使发动机在节气门全开的情况下以选定的车速稳定运转而进行的。发动机部分负荷选定车速下输出功率或驱动力的检测与此相同，只不过发动机是在选定的部分负荷下工作的。

当使用DCG—10C型汽车底盘测功试验台测功时，将"速度给定"旋钮（见图4-2）置于选定的速度刻线上，将"功能选择"旋钮置于"恒速"上，在逐渐增大节气门到所需位置的同时，控制装置能自动调控励磁电流，使汽车在选定的车速下恒速测功。如果要手动调控励磁电流，则必须将"功能选择"旋钮置于"恒流"上，然后手动旋转"电流给定"旋钮即可增大或减小励磁电流，并在旋钮给定位置上供给恒定的励磁电流。

⑦ 全部检测结束，在驱动轮停止转动后，移开风扇，去掉车轮前的三角木，操纵手柄举起举升器的托板，将被检汽车驶离试验台。

注意：
① 走合期的新车或大修后的车不宜进行底盘测功试验。
② 测功时，应密切注意各种异响和发动机冷却液的温度。
③ 被检测车前严禁站人，以确保安全。
④ 超过试验台允许轴重或轮重的车辆一律不准上试验台进行检测。
⑤ 在试验台不检测期间，不准在上面停放车辆。

相关知识

在室内检测汽车动力性时，若采用驱动车轮输出功率或驱动力作为性能参数，则必须在底盘测功试验台上进行。驱动车轮输出功率的检测即为通常所说的底盘测功。底盘测功的目的：一是获得驱动车轮的输出功率或驱动力，以便评价汽车的动力性；二是将获得的驱动车轮输出功率与发动机飞轮输出功率进行对比，求出传动效率，以便判定底盘传动系统的技术状况。

1. 底盘测功试验台的类型、工作原理

（1）底盘测功试验台的类型

① 按测功装置中测功器形式的不同可以分为水力式、电力式和电涡流式三种。

② 按测功装置中测功器冷却方式的不同可以分为风冷式、水冷式和油冷式三种。

③ 按滚筒装置承载能力的不同可以分为小型式（$m \leqslant 3t$）、中型式（$3t < m \leqslant 6t$）、大型式（$6t < m \leqslant 10t$）和特大型式（$m > 10t$）四种。

（2）工作原理　汽车在道路上运行时存在着运动惯性、行驶阻力，因此要在试验台上模拟汽车道路运行工况，首先要解决模拟汽车整车运动惯性和行驶阻力的问题，这样才能用台架测试汽车运行状况的动态性能。为此，在该试验台上利用惯性飞轮的转动惯量来模拟汽车旋转体的转动惯量及汽车直线运动质量的惯量，并采用电磁离合器自动或手动切换飞轮的组合，在允许的误差范围内满足汽车的惯量模拟。对于汽车在运行过程中所受的空气阻力、非驱动轮的滚动阻力及爬坡阻力等，则采用功率吸收加载装置来模拟。路面模拟是通过滚筒来实现的，即以滚筒的表面取代路面，使滚筒的表面相对于汽车做旋转运动。在安全措施保障下，通过控制系统可对加载装置及惯性模拟系统进行自动或手动控制，以实现对车辆动力性（如加速性能、汽车底盘输出功率、底盘输出最大驱动力、滑行性能、车速表校验、里程表校验等项目）的检测。

2. 影响汽车底盘输出功率测定值的因素

为了确定底盘测功试验台的试验精度，必须分析在汽车检测过程中影响汽车底盘输出功率测定值的因素。

（1）机械阻力对汽车底盘输出功率测定值的影响　汽车底盘测功试验台的台架机械损失主要包括支承轴承、联轴器、升速器等。这些部件在车轮带动滚筒旋转的过程中，由于摩擦力的存在将消耗一定的功率，为此采用倒拖方法可以测出不同车速下底盘测功试验台台架的机械阻力所消耗的功率（不含升速器的机械损耗），如图 4-3 所示。

由于台架阻力消耗了汽车部分驱动功率，因此在检测汽车底盘输出功率时，必须计入机械阻力所消耗的功率。

另外，有些底盘测功试验台在滚筒与功率吸收装置之间安装有升速器，要求升速器外壳必须是浮动的，并安装拉压传感器以检测传动转矩。升速器的搅油损失和机械损失不仅与加注润滑油的量有关，而且还随着温度的变化而变化，使得台架机械损失难以测得，这样就增大了检测误差。

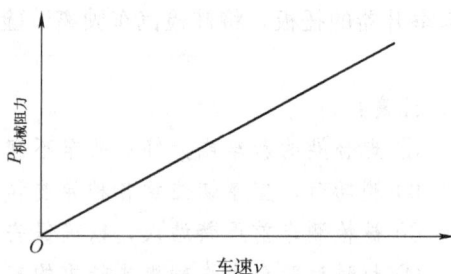

图 4-3　底盘测功试验台台架的机械阻力
所消耗的功率与车速的关系

（2）滚动阻力对汽车底盘输出功率测定值的影响　当车轮滚动时，轮胎与路面的接触区域产生法向、切向的相互作用力。轮胎和支承路面的相对刚度决定了轮胎变形的特点。当弹性轮胎在硬质的钢制光滚筒上滚动时，轮胎的变形是主要的，此时因轮胎内部摩擦而产生弹性迟滞损失，使轮胎变形时所做的功不能全部收回，此能量消耗在轮胎各组成部分相互间的摩擦以及橡胶、帘线等物质的分子间的摩擦，最后转化为热能消失在大气中。这种损失即为弹性物质的迟滞损失。

因为滚动阻力系数与模拟路面的滚筒种类、行驶车速，以及轮胎的构造、材料、气压等有关，所以对其影响因素进行分析是非常必要的，具体分析如下：

① 钢制光滚筒对滚动阻力系数的影响。

② 滚筒的半径越大，车轮滚动时轮胎的变形量就越小，也就是说弹性迟滞损失就越小，故滚动阻力系数随着滚筒半径的增大而减小。

③ 在加工过程中，滚筒的圆度、同轴度误差越小，轮胎在滚筒上运转得就越平稳，当车速一定时，滚动阻力系数的波动范围就越小。所以说，滚动阻力系数随着滚筒加工精度的提高而减小。

④ 目前我国在用的底盘测功试验台的滚筒表面有两种：一种是常见的光滚筒，即表面未经处理的滚筒，另一种是滚筒表面喷涂有耐磨硬质合金。前者表面较光滑，附着系数约为 0.5，试验用的东风牌汽车在 50km/h 的工况下在其上检测最大底盘输出功率时，滑移率约为 8%，也就是说，汽车车轮在行走时，除滚动阻力外还有滑拖，致使被检测车轮发热，增大了滚动阻力损失，同时速度的误差引起了所测功率的误差。后者采用表面喷涂技术，将滚筒表面的附着系数提高到 0.8 左右，接近于一般水泥路面的附着系数，可避免滑拖现象。

⑤ 滚筒中心距是指底盘测功试验台前后两排滚筒支承轴线之间的距离。随着滚筒中心距的增加，汽车车轮的安置角增大，前后滚筒对车轮支承力也随之增大，这样将导致车辆在测功试验台台架上的运行滚动阻力增加。

综上所述，滚筒直径、安置角、滚筒表面质量、滚筒中心距对滚动阻力都有很大的影响。由于部分底盘测功试验台仅显示功率吸收装置的吸收功率，所以同一辆车在不同台架上测得的数值不同。因此，如果将底盘测功试验台作为法定计量设备，其滚筒直径、中心距、表面处理工艺以及加载方式必须标准化。

（3）轮胎气压对滚动阻力系数的影响　轮胎气压对滚动阻力系数的影响很大。当轮胎气压低时，在硬路面上轮胎变形量大，滚动时迟滞损失增加。为了减少该项所引起的检测误差，要求在进行动力性检测前必须将轮胎气压充至标准值。

习题：
1. 简述滚筒式底盘测功试验台的类型、结构与工作原理。
2. 使用底盘测功试验台对汽车动力性能进行检测。

任务二 汽车车轮侧滑量的检测

任务目标

1. 了解汽车车轮侧滑量的检测方法。
2. 掌握侧滑试验台的结构与工作原理。
3. 掌握用侧滑试验台检测汽车侧滑量的方法和步骤。
4. 了解汽车侧滑量的检测标准。

任务实施

一、设备准备

侧滑试验台一台、完好的汽油车一辆。

二、认识设备

侧滑试验台一般由测量装置、指示装置和报警装置等组成，如图4-4所示。

（1）测量装置 测量装置由框架、左右两块滑动板、杠杆机构、回位装置、滚轮装置、导向装置、锁止装置、位移传感器及信号传递装置等组成。该装置能测出前轮侧滑量并传递给指示装置。

滑动板的下部装有滚轮装置和导向装置，两滑动板之间连接有曲柄机构、回位装置和锁止装置。在侧向力的作用下，两滑动板只能在左右方向上做等量同向位移，在前后方向上不能位移。按滑动板位移量传递给指示装置的方式不同，测量装置可分为机械式和电测式两种。机械式侧滑试验台不便于远距离传输，近年来已很少使用。电测式测量装置是把滑动板的位移量通过位移传感器变成电信号，再经过放大与处理后传输给指示装置的一种结构形式。它可以借助于导线，将测量结果长距离传输，或与控制单元接通，处理十分方便。

（2）指示装置 指示装置有指针式和数字式。指针式指示装置如图4-5所示。指示装置能把测量装置传递来的滑动板侧滑量，按汽车每行驶1km侧滑1m定为一格刻度，所以每一格代表汽车每行驶1km侧滑1m。根据指针偏向IN或OUT的方向可确定出侧滑方向。IN表示正前束，OUT表示负前束。

近年来我国各厂家生产的侧滑试验台采用数字式指示装置，多以单片机进行数据采集和处理，同时还能对检测结果进行分析、判断、存储、打印和数字显示，具有操作方便、运行

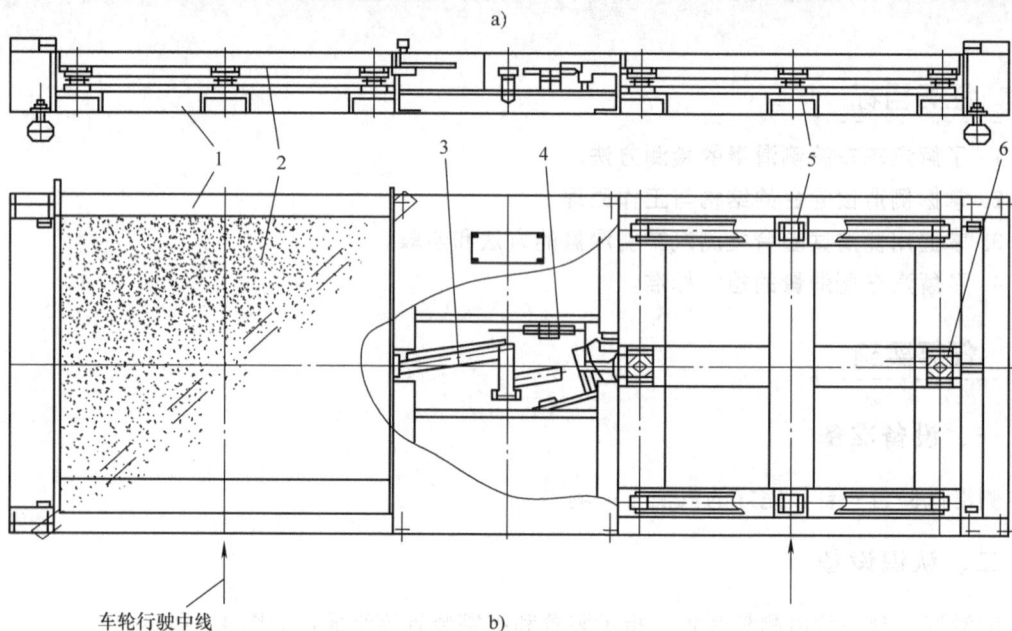

图 4-4　侧滑试验台

a）外观图　b）结构图

1—机架　2—滑板　3—同步连杆　4—位移传感器　5—滚柱　6—导向装置

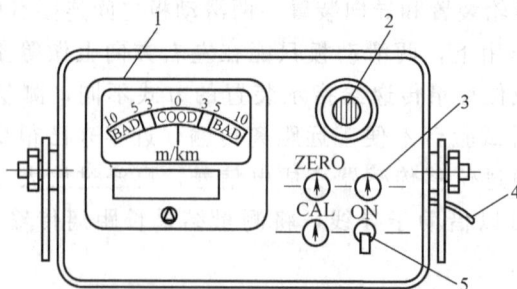

车轮行驶中线

图 4-5　指针式指示装置

1—指针式表头　2—报警用蜂鸣器或信号灯　3—电源指示灯　4—导线　5—电源开关

可靠、抗干扰性强等优点。当滑动板侧滑时，侧滑量通过位移传感器转变成电信号，经过放大与信号处理后成为 $0\sim5\text{V}$ 的模拟量，再经 A/D 转换器转变成数字量，输入计算机进行运算处理，然后显示出检测结果或由打印机打印出检测结果。数字式指示装置如图 4-6 所示。

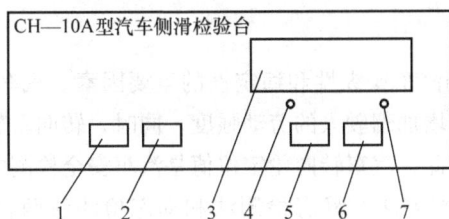

图 4-6　数字式指示装置
1—电源接通键　2—电源断开键　3—数码显示器　4—电源指示灯
5—打印键　6—复位键　7—警告灯

注意：
　　侧滑试验台的型号、结构、允许轴重不同，其使用方法也有所区别，在使用前一定要认真阅读使用说明书，以掌握正确的使用方法。

三、被检汽车的准备

① 轮胎气压应符合规定。
② 当轮胎上粘有油污、泥土、水或花纹沟槽内嵌有石子时，应将其清理干净。
③ 轮胎花纹深度必须符合《机动车运行安全技术条件》（GB 7258—2012）的规定。

四、试验台的检查

① 检查侧滑试验台导线的连接情况，在导线连接良好的情况下打开电源开关，察看指针式仪的指针是否指在机械零点上，或察看数码管亮度是否正常并都在零位上。若发现故障，应及时清除。
② 检查侧滑试验台上面及其周围的清洁情况，若有油污、泥土、砂石及水等，应予以清除。
③ 打开侧滑试验台的锁止装置，检查滑动板能否在外力作用下左右滑动自如，外力消失后能否回到原始位置，且指示装置指在零点。
④ 检查报警装置在规定值时能否发出报警信号，并视需要进行调整或修理。

五、检测

① 拔掉滑动板的锁止销钉，接通电源。
② 使汽车以 3～5km/h 的速度垂直侧滑板驶向侧滑试验台，并使前轮平稳地通过滑动板。
③ 在前轮完全通过滑动板后，从指示装置上观察侧滑方向并读取、打印最大侧滑量。
④ 检测结束后，切断电源并锁止滑动板。
对于后轮有定位的汽车，仍可按上述方法检测后轴的侧滑量，从而诊断后轴的定位值是否失准。

相关知识

汽车前轮定位参数是影响汽车操纵性和稳定性的重要因素。汽车如果没有正确的前轮定位，将引起转向沉重、操纵困难，增加驾驶人的劳动强度，同时，转向车轮在向前滚动时将会产生横向滑移现象，即车轮侧滑。因此，汽车转向轮定位值是汽车安全检测中的重点检测项目之一。

汽车前轮定位参数的检测方法有静态检测法和动态检测法两种。静态检测法是在汽车静止的状态下，用车轮定位仪对前轮定位值进行检测。动态检测法是使汽车以一定的行驶速度通过侧滑试验台，从而测量转向轮的横向侧滑量。侧滑量是指汽车直线行驶位移量为 1km 时，转向轮的横向位移量。侧滑量的单位是 m/km。汽车侧滑试验台是用于检测汽车前轮侧滑量的一种专门设备。汽车前轮的侧滑量主要受转向轮外倾角及转向轮前束值的影响。所以，侧滑试验台就是为检测汽车转向轮外倾角与前束值这两个参数配合是否恰当而设计的一种室内检测设备。

1. 汽车侧滑试验台的类型

① 滑板式侧滑试验台：分为单滑板式侧滑试验台和双滑板式侧滑试验台两种。

② 滚筒式侧滑试验台：通过测量汽车行驶中车轮的侧向力来判定车轮侧滑量的大小。

单滑板侧滑试验台结构简单、体积小，欧洲国家大多采用这种形式。滚筒式侧滑试验台结构复杂，造价高，应用较少，这里不再介绍。

2. 汽车侧滑试验台的形式

汽车侧滑试验台的形式有机械式、电位计式、差动变压器式和自整角电动机式。

3. 汽车侧滑试验台的工作原理

转向轮侧滑实际上就是转向轮外倾角与转向轮前束综合作用的结果。若转向轮仅有前束而没有外倾角，则汽车直线行驶时，两转向轮具有向内收缩靠拢的趋势。若使两转向轮驶过底部装有滚轮可自由滑动的滑板（意味着地面可以横向伸缩），则左右滑板分别向外滑移。通常将滑板向外滑动的数值记为正，而将向内滑动的数值记为负，因此正前束可引起正侧滑。

与上述情况相反，若转向轮只有外倾角而没有前束，则当通过滑板时，滑板向内侧滑移，即外倾角可引起负前束。

侧滑试验台就是利用上述滑动板原理来测量车轮侧滑量的。应说明的是：当转向轮外倾角和前束均合格时，侧滑量也合格；反之，当侧滑量合格时，却不一定保证外倾角和前束都合格。

知识链接

汽车侧滑量检测标准

最新的国家标准《机动车运行安全技术条件》（GB 7258—2012）中对机动车侧滑量明确规定：对于前轴采用非独立悬架的汽车（前轮采用双转向轴时除外），其转向轮的横向侧滑量，用侧滑台检测时侧滑量值应在 ±5m/km 之间。

习题：

1. 简述汽车侧滑试验台的类型、结构。

2. 通过侧滑试验台对汽车侧滑量进行检测。

任务三　汽车制动性能的检测

任务目标

1. 了解汽车制动性能的检测方法。
2. 理解汽车制动性能的评价指标。
3. 掌握用滚筒试验台检测汽车制动性能的方法和步骤。
4. 熟悉滚筒试验台的结构。

任务实施

一、器材准备

滚筒试验台一台、完好的汽油车一辆。

二、实施步骤

1. 仪器及车辆的准备

① 检验滚筒试验台表面，应清洁，无异物及油污；仪表清零。
② 车辆轮胎气压、花纹深度应符合标准规定，胎面应清洁。
③ 将踏板力计装到制动踏板上。

2. 检验

① 使车辆正直居中驶入，将被测轮停放在制动台前后滚筒间，然后将变速器置于空挡。
② 降下举升器，起动电动机 2s 后保持一定的采样时间（5s），测得阻滞力。
③ 检验人员在显示屏提示踩制动踏板后，缓踩制动踏板到底（这是对欧式制动台而言，若为日式制动台，则需急将制动踏板踩到底），然后松开，测得左、右轮制动增长全过程数值。若检验驻车制动，则拉紧驻车制动操纵装置，测得驻车制动力的大小。
④ 使电动机停转，将举生器升起，使被测轮驶离。按以上程序依次测试其他车轴。
⑤ 卸下踏板力计，将车辆驶离。

> 注意：
> ① 车辆进入试验台时，轮胎不得夹有泥、砂等杂物，除驾驶人外不得有其他乘员。
> ② 检测制动性能时不得转动转向盘。
> ③ 检测制动性能时，若车轮在滚筒上抱死且制动力未达到要求，则可换用路试或其他方法进行检验。
> ④ 空载检测时，气压制动系统气压表的指示气压应小于或等于 600kPa；液压制动系统踏板力，乘用车应小于或等于 400N，其他机动车应小于或等于 450N。

相关知识

汽车制动性能是安全行车最重要的因素之一，因此是汽车检测诊断的重点。若汽车具有良好的制动性能，则遇到紧急情况时可以化险为夷，正常行驶时可以提高平均行驶速度，从而提高运输生产效率。

一、对制动系统的技术要求

汽车制动系统应具有行车制动、应急制动和驻车制动三大基本功能。

① 行车制动系统必须使驾驶人能控制车辆行驶，使其安全、有效地减速和停车。行车制动装置的作用应能在各轴之间合理分配，以充分利用各轴的垂直载荷。应急制动必须在行车制动系统有一处失效的情况下，在规定的距离内将车辆停住。应急制动可以是行车制动系统中具有应急特性的系统或是与行车制动分开的独立系统（注意，应急制动不是指行车制动中的急速踩下制动踏板）。驻车制动应能使车辆即使在没有驾驶人的情况下，也能停放在上、下坡道上。

② 制动时汽车应具有方向稳定性，即制动时不发生跑偏、侧滑及失去转向的能力。

③ 制动平稳，即制动时制动力应迅速平稳地增加，放松制动踏板时制动应迅速消失，不拖滞。

④ 操纵轻便，即施加于制动踏板和停车杠杆上的力不应过大，以免造成驾驶人疲劳。

⑤ 在车辆运行过程中，不应有自行制动现象。

⑥ 良好的抗热衰退能力。汽车在高速或下长坡连续制动时，因制动器温度过高而导致摩擦因数降低的现象称为热衰退。要求制动系统的热稳定性好，不易衰退，即使衰退后也能较快地恢复。

⑦ 良好的水湿恢复能力，汽车涉水，制动器被水浸湿后，应能迅速恢复制动。

二、制动性能评价参数

1. 制动效能

制动效能是指汽车迅速降低行驶速度直至停车的能力，是制动性能最基本的评价指标。它由制动距离、制动减速度、制动力和制动时间来评定。

（1）制动距离　制动距离是车辆在规定的初速度下紧急制动时，从脚接触制动踏板（或手触动驻车制动手柄）时起至车辆停住时止，车辆驶过的距离。它包括制动协调时间和以最大减速度持续制动时间内汽车驶过的距离。它是评价汽车制动性能最直观的一个参数，与汽车实际运行的制动情况最接近。驾驶人最熟悉汽车的制动距离，因为它与安全行车有直接关系。制动距离不等于车轮在路面上拖压印的长度，因为制动距离中包含制动协调时间内汽车驶过的距离，在这一段时间内车轮尚未拖压印。制动距离与制动踏板力即制动系统中的液压或气压有关，故给出制动距离时应指明相应的踏板力或制动系统中的压力。

用制动距离来评价汽车的制动性能具有一定的准确度，而且重复性较好，但需要有较大的试车场地，而且对轮胎的磨损较大。此外，制动距离是一个整车性能参数，不能单独定量地反映出各车轮的制动状况以及制动力的分配情况（从地面印痕只能大致看到），当制动距离延长时，也反映不出具体是什么因素使制动性能变差。

制动距离必须和制动跑偏量一起作为检验制动性能的参数。对于一个确定的汽车来说，它的质量是一定的，其制动器所能产生的制动力也是一定的，制动时汽车的初速度越大，制动距离就越长，因此检验时还必须规定汽车的初速度。

（2）制动力　为了使行驶中的汽车能够减速或停车，必须由路面对汽车作用一个与其行驶方向相反的外力来消耗汽车的动能,使汽车产生减速度,达到降低其行驶速度或停车的目的。这个外力叫做制动力。对于一定质量的汽车来说,制动力越大,制动减速度就越大,制动距离也就越短。所以制动力是从本质上评价汽车制动性能的参数。制动力对汽车的制动性能具有决定性的影响。

用制动力这个参数评价汽车的行车制动性能,可以对前后轴制动力的合理分配以及每轴两轮平衡制动力差提出要求,从而保证汽车制动的方向稳定性,并使各轮附着重量得到充分利用。

用制动力作为制动性能单独的检验指标时,在检验制动力大小、制动力合理分配情况及平衡制动力差的同时,还要检验制动协调时间。制动协调时间包括消除制动拉杆、制动鼓间隙和部分制动力增长过程所需要的时间。要求单车的制动协调时间不超过 0.6s。调整良好的液压制动系统的制动协调时间为 0.15～0.20s,气压制动系统的为 0.20～0.40s。如果汽车以 60km/h 的速度行驶,即每秒行驶 16.7m,在制动协调时间内,液压制动汽车的行驶距离为 2.5～3.3m,气压制动汽车的行驶距离为 3.3～6.6m。若制动系统调整不当,这个距离要成倍地增长。另外,若各轮制动协调时间不等,则会引起跑偏。目前,在汽车检测站主要用检测制动力的方法来检验汽车的制动性能,但许多制动试验台不具备检验制动协调时间的能力,使检测结果不能准确地反映汽车的实际制动效果,这个问题应引起足够的重视。

另外,目前普遍使用的反力滚筒式制动试验台,由于检测时汽车是静止的,因此这种方法是模拟性的。检测结果有时受检测设备自身结构的影响,与汽车实际的制动情况有差距。当对检测制动力的结果有质疑时,应当用检验制动距离的方法加以验证。

(3)制动减速度 制动减速度反映了制动时汽车速度降低的速率。对于一个确定的汽车来说,它的质量是一定的,能产生的制动力也是一定的,因此制动减速度也是一个确定值。制动初速度对制动减速度的影响不很大。

用制动减速度仪可检测汽车的制动减速度。该仪器结构简单、使用方便,但试验的重复性较差,且受路面附着系数的影响很大。制动减速度也是一个整车性能参数,但反映不出各轮的制动力及分配情况。单独用制动减速度来评价制动性能时,也必须同时检验制动协调时间和跑偏量。

(4)制动时间 制动过程所经历的时间称为制动时间。制动时间很少作为单纯的评价指标,但是在分析制动过程和评价制动效能时又是不可缺少的参数。例如,对于同一型号的两辆汽车,若同样的制动力所经历的制动时间不同,则两辆汽车的制动距离就可能相差较大,对行驶安全将产生不同影响。因此通常把制动时间作为一个辅助评价指标。

2. 制动抗热衰退性能

汽车制动抗热衰退性能是指汽车高速制动、短时间重复制动或下长坡连续制动时制动效能的热稳定性。制动过程的实质是把汽车的动能通过制动器吸收转化为热能的过程。在制动过程中,制动器温度不断升高,制动器摩擦因数下降,制动器摩擦力距减小,从而使制动能力降低,这种现象称热衰退现象。因此,可以通过检测制动器处于热状态时能否保持冷状态时的制动效能来评价汽车制动抗热衰退性能。制动抗热衰退性能是衡量制动效能恒定性的一个指标。随着高速公路的发展和车速的提高,对汽车制动性能的恒定性要求也越来越高,但由于其检测方法较复杂,在一般汽车综合检测站较难实施。在用汽车无需检测制动抗热衰退性能。

3. 制动稳定性

制动稳定性是指制动时汽车的方向稳定性，通常用制动时汽车按给定轨迹行驶的能力来评价，即汽车制动时维持直线行驶或预定弯道行驶的能力。

三、汽车制动试验台的类型、结构与工作原理

1. 类型

1）按测试原理的不同分为反力式和惯性式。

2）按检验台支承车轮形式的不同分为滚筒式和平板式。

3）按检测参数的不同分为测制动力式、测制动距离式、测制动减速度式和综合式。

4）按检验台的测量和指示装置、传递信号方式的不同分为机械式、液力式和电气式。

2. 结构

反力式滚筒制动试验台的结构如图 4-7 所示。它由结构完全相同且左右对称的两套车轮制动力测试单元和一套指示控制装置组成。每一套车轮制动力测试单元均由框架、驱动装置、滚筒组、举升装置、测量装置等构成。

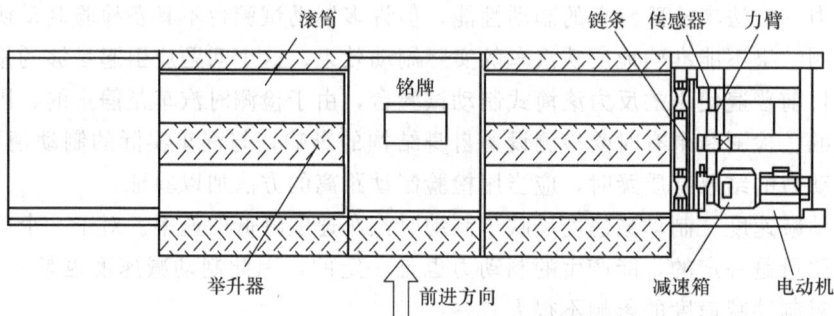

图 4-7　反力式滚筒制动试验台的结构

（1）驱动装置　驱动装置由电动机、减速器和链传动组成。电动机经过减速器减速后驱动主动滚筒，主动滚筒通过链传动带动从动滚筒旋转。减速器输出轴与主动滚筒同轴连接或通过链条、传动带连接，减速器壳体为浮动连接（即可绕主动滚筒轴自由摆动）。减速器的作用是减速增扭，其减速比根据电动机的转速和滚筒测试转速确定。由于测试车速低，滚筒转速也较低，一般在 40～100r/min 范围内，因此要求减速器减速比较大，一般采用两级齿轮减速或一级蜗杆副减速与一级齿轮减速。

（2）滚筒组　每一个车轮制动力测试单元设置一对主、从动滚筒。每个滚筒的两端分别用滚筒轴承与轴承座支承在框架上，且保持两滚筒轴线平行。滚筒相当于一个活动的路面，用来支承被检车辆的车轮，并承受和传递制动力。汽车轮胎与滚筒间的附着系数将直接影响制动检验台所能测得的制动力大小。为了增大滚筒与轮胎间的附着系数，滚筒表面都进行了相应的加工与处理。

滚筒直径与两滚筒间的中心距对制动检验台的性能有较大影响。滚筒直径增大有利于改善与车轮之间的附着情况，增加测试车速，使检测过程更接近实际制动状况，但必须相应增加驱动电动机的功率。随着滚筒直径的增加，两滚筒间的中心距也需相应增加，这样才能保证合适的安置角，但会使制动检验台的尺寸相应增大，使制造要求提高。依据实际检测的需要，推荐使用直径为 245mm 左右的制动检验台。

有的滚筒制动检验台在主从动滚筒之间设置一个直径较小，既可自转又可上下摆动的第三滚筒，平时由弹簧将其保持在最高位置。许多设置第三滚筒的制动检验台取消了举升装置，而在第三滚筒上装有转速传感器。检验时，在将被检车辆的车轮置于主、从动滚筒上的同时压下第三滚筒，并与其保持可靠接触，控制装置通过转速传感器即可获知被检车轮的转动情况。当被检车轮制动且转速下降至接近抱死时，控制装置根据转速传感器送出的相应电信号计算滑移率，达到一定值时使驱动电动机停止转动，以防止滚筒剥伤轮胎和保护驱动电动机。第三滚筒除了上述作用外，在有些制动检验台上还作为安全保护装置使用，只有两个车轮制动测试单元的第三滚筒同时被压下时，检验台驱动电动机电路才能接通。但依靠第三滚筒控制自动停机绝非唯一或最佳的方法，目前已有其他方法出现。

（3）制动力测量装置　制动力测量装置由测力杠杆和传感器组成。测力杠杆一端与传感器连接，另一端与减速器壳体连接。当被测车轮制动时，测力杠杆与减速器壳体将一起绕主动滚筒（或绕减速器输出轴、电动机枢轴）轴线摆动。传感器将测力杠杆传来的力（或位移）转变成电信号输送到指示控制装置。传感器有应变测力式、自整角电动机式、电位计式、差动变压器式等多种类型。

（4）举升装置　为了便于汽车出入制动检验台，在主、从动滚轮之间设置有举升装置。该装置通常由举升器、举升平板和控制开关等组成。常用的举升器有气压式、电动螺旋式、液压式三种类型。气压式举升器用压缩空气驱动气缸中的活塞或使气囊膨胀完成举升动作。液压式举升器由液压举升缸完成举升动作。电动螺旋式举升器由电动机通过减速器带动螺母转动来完成举升动作。

（5）指示与控制装置　指示装置有指针式和数字显示式两种。控制装置大多采用电子式，有的控制装置中配有计算机和数值显示器。

3. 工作原理

如图 4-8 所示，在进行车轮制动力检测时，使被检汽车驶上制动检验台，将车轮置于主、从动滚筒之间，放下举升器，通过延时电路起动电动机，经减速器、链传动和主、从动滚筒带动车轮低速旋转。在车轮转速稳定后，驾驶人踩下制动踏板，车轮在车轮制动器摩擦力矩的作用下开始减速旋转。此时，电动机驱动的滚筒对车轮轮胎周缘的切线方向施加制动力，以克服制动器摩擦力矩，维持车轮继

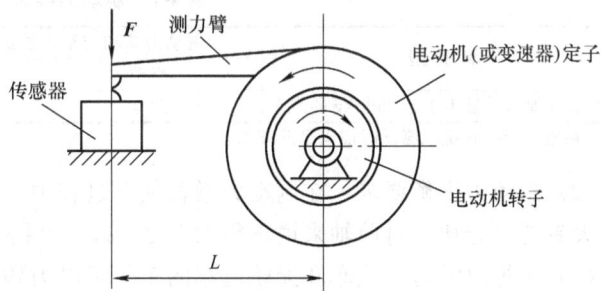

图 4-8　制动力测试原理

续旋转。与此同时，车轮轮胎对滚筒表面切线方向附加一个与制动力方向反向等值的反作用力。在反作用力矩的作用下，减速机壳体与测力杠杆一起朝滚筒转动相反的方向摆动，如图 4-8 所示。测力杠杆一端的力或位移经传感器转换成与制动力大小成比例的电信号。从测力传感器送来的电信号经放大滤波后，送往 A/D 转换器转换成相应数字量，经计算机采集、储存和处理后，检测结果由数码显示或由打印机打印出来。

制动力检测技术条件要求以轴制动力占轴荷的百分比来评判制动力大小，这对总质量不

同的汽车来说是比较客观的。为此，除了设置制动检验台外，还必须配置轴重计或轮重仪。有些复合式滚筒制动检验台装有轴重测量装置，其称重传感器通常安装在每一车轮测试单元框架的4个支承脚处。

《机动车安全运行技术条件》（GB 7528—2012）中定义的制动协调时间以驾驶人踩下制动踏板的瞬间为起始计时点。为此，在制动测试过程中必须由驾驶人通过套装在汽车制动踏板上的脚踏开关向检验台指示、控制装置发出一个"开关"信号，开始时间计数，直至制动力与轴荷之比达到标准规定值的75%的瞬间为止。这段时间即为制动协调时间，通常可以通过检验台的计算机执行相应程序来实现计时。

目前采用的反力式滚筒制动检验台对安装有防抱死制动系统的汽车的制动性能还无法进行精确的测试。主要原因是这些制动检验台的测试车速较低，一般不超过5km/h，而现代防抱死制动系统均在车速为10~20km/h以上时起作用。所以，在上述制动检验台上检测车轮制动力时，车辆的防抱死制动系统不起作用，只相当于对普通的液压制动系统的检测过程。

有的反力式滚筒制动检验台可以选择每一车轮制动力测试单元的滚筒旋转方向。两个测试单元的滚筒既可同向正转或同向反转，又可以一正一反。具有这种功能的检验台可以检测多轴汽车并装轴（如三轴汽车的中轴和后轴，其间设有轴间差速器）的制动力。检测时使左右车轮制动测试单元的滚筒转动方向为一正一反，只采集正转时的制动力数据，这样可以省去在检验台前、后设置自由滚筒装置。这是因为驱动轴内有轮间差速器作用，当左、右车轮反向等速旋转时，差速器壳与主减速器将不会转动。所以当被检测轴的车轮被滚筒带动时，另一在检验台外的驱动轴将不会被驱动。而装有轴间差速器的双后轴汽车，可在一般的反力式滚筒制动台上逐轴测试每车轴的车轮制动力。

四、汽车制动性能的检测项目与标准

（1）制动力 制动力要求见表4-1。

表 4-1 制动力要求

车辆类型	制动力总和与整车质量的百分比（%）		前轴制动力与轴荷的百分比（%）
	空载	满载	
乘用车、其他总质量不小于3500kg的汽车	≥60	≥50	≥60[①]

① 在空、满载状况下测试时应满足此要求。

（2）制动力平衡要求 在制动力增长的全过程中，左、右轮的制动力差与左、右轮中制动力大者的百分比，对前轴来说不得大于20%，对后轴来说不得大于24%。

（3）车轮阻滞力 汽车和无轨电车的车轮阻滞力均不得大于该轴轴荷的5%。

（4）制动协调时间 GB 7258—2012规定：液压制动汽车的制动协调时间不应大于0.35s，气压制动汽车的制动协调时间不应大于0.60s；汽车列车和铰接客车、铰接式无轨电车的制动协调时间不应大于0.80s。

知识链接

1. 制动距离的检测

制动距离是指机动车在规定的初速度下急踩制动踏板时，从脚接触制动踏板（或手触动驻车制动手柄）时起至机动车停住时止机动车驶过的距离。

GB 7258—2012 规定，机动车在规定的初速度下的制动距离要求见表 4-2。对空载检验的制动距离有质疑时，可用满载检验制动距离要求进行验证。

表 4-2 制动距离要求

机动车类型	制动初速度 /(km/h)	满载检验制动距离要求/m	空载检验制动距离要求/m	试验通道宽度 /m
乘用车	50	≤20.0	≤19.0	2.5
总质量不大于 3500kg 的低速货车	30	≤9.0	≤8.0	2.5
其他总质量不大于 3500kg 的汽车	50	≤22.0	≤21.0	2.5
铰接客车、铰接式无轨电车、汽车列车	30	≤10.5	≤9.5	3.0
其他汽车	30	≤10.0	≤9.0	30

2. 制动减速度的检测

制动时单位时间内车速的变化量反映了地面制动力的大小，与制动器制动力及附着力有关。

GB 7258—2012 规定，汽车、汽车列车在规定的初速度下急踩制动踏板时充分发出的平均减速度应符合表 4-3 的规定。

表 4-3 急踩制动踏板时充分发出的平均减速度

机动车类型	制动初速度 /(km/h)	满载检验充分发出的平均减速度/(m/s²)	空载检验充分发出的平均减速度/(m/s²)	试验通道宽度 /m
乘用车	50	≥5.9	≥6.2	2.5
总质量不大于 3500kg 的低速货车	30	≥5.2	≥5.6	2.5
其他总质量不大于 3500kg 的汽车	50	≥5.4	≥5.8	2.5
铰接客车、铰接式无轨电车、汽车列车	30	≥4.5	≥5.0	3.0
其他汽车	30	≥5.0	≥5.4	3.0

习题：

1. 汽车制动性能的评价指标有哪些？

2. GB 7258—2012 对制动协调时间是怎样要求的？

任务四 车速表指示误差的检测

任务目标

1. 理解车速表试验台的结构与工作原理。

2. 掌握车速表诊断参数标准及结果分析方法。

3. 掌握用车速表试验台检测汽车车速表指示误差的方法和步骤。

任务实施

一、器材准备

车速表试验台一台、完好的汽油车一辆。

二、实施步骤

1. 检测前的准备

（1）试验台的准备

① 使滚筒处于静止状态，检查指示仪表是否处于零点位置，若有偏差，则可用零点调整螺钉予以调整。

② 检查滚筒是否粘有油、水、泥等杂物，若有，则应予以清除。

③ 检查举升器的动作是否运动自如，并检查有无漏气或漏油部位，否则应予以修理。

④ 检查导线的连接情况，若有接触不良或断路处，则应予以修理或更换。

对于经常使用的试验台，不一定每次使用前都要进行上述检查。

（2）被检查车辆的准备

① 按照汽车制造厂的规定调整好轮胎气压。

② 轮胎若粘有水、油、泥等或轮胎花纹沟槽内嵌有小石子等杂物，则应先将其清除干净。

2. 检测

① 接通试验台电源。

② 升起滚筒间的举升器。

③ 将被测车辆输出车速信号的车轮尽可能与滚筒成垂直状态放在试验台上。

④ 降下滚筒间的举升器，至轮胎与举升器托板完全脱离为止。

⑤ 用挡块抵住滚筒外的那对车轮。车辆前方禁止站人，以防意外事故发生。

⑥ 对于标准车速表试验台：起动汽车，待汽车驱动轮在滚筒上稳定后，挂入最高挡，踏下加速踏板使驱动轮平稳地加速运转；当汽车车速表的指示值达到规定的检测车速（40km/h）时，读取试验台速度表指示值，或者当试验台速度表的指示值达到检测车速时，读取汽车车速表指示值。

⑦ 对于电动驱动型车速表试验台：使试验台离合器接合，将滚筒轴与电动机枢轴相连接；将汽车变速器置于空挡，接通试验台电源，电动机驱动滚筒旋转；当汽车车速表的指示值达到检测车速时，读取试验台速度表指示值，或者当试验台速度表的指示值达到检测车速时，读取汽车车速表的指示值。

⑧ 检测结束后，轻轻踩下汽车制动踏板，使滚筒停止旋转。电动机驱动型试验台在检测结束后必须先切断电源。

⑨ 升起举升器，去掉挡块，将汽车驶离试验台。

⑩ 切断试验台电源。

3. 注意事项

① 检测前检查汽车的轴荷，以保证待检汽车轴荷在试验台允许的载荷范围内。

② 对于前轮驱动汽车，应在低速情况下操纵转向盘，确保汽车处于直驶状态，然后再

加速到检测车速，切忌汽车一上试验台就迅速加速。

③ 对于电动机驱动型车速表试验台，在不用驱动装置进行测试时，务必分离离合器，使滚筒与电动机脱开。

相关知识

为保证汽车行驶的安全性，提高汽车运输生产率，充分发挥汽车的动力性，正确掌握行车速度是非常重要的。由于使用的原因，车速表的指示误差会越来越大，如果超过限度就会对驾驶人的正确判断造成影响，严重时甚至引起交通事故。为了保证行车安全，确保车速表的指示精度，在相应安全法规中要求对车速表应进行定期检测。

车速表误差主要由使用方面的原因所致，一般有两个方面：一是车速表传动机构或本身机件损坏；二是轮胎磨损或气压不符合规定引起的误差。

常见的车速表试验台有三种类型，即标准型车速表试验台、驱动型车速表试验台、综合型车速表试验台。

一、车速表试验台的结构与测量原理

1. 标准型车速表试验台

该试验台由速度测量装置、速度指示装置和速度报警装置等组成，如图4-9所示。

（1）速度测量装置　由滚筒、速度传感器和举升器等组成。滚筒分为两组共四个，通过滚动轴承安装在框架上。试验时为防止汽车差速器齿轮滑转，试验台的两前滚筒用联轴器连在一起。

速度传感器一般采用测速发电机（现在较多用光敏管或霍尔传感器），装在滚筒的一端，将对应于滚筒转速的电压信号（或处理后的脉冲信号）送到速度指示装置。

为使汽车进出试验台方便，在前、后滚筒之间设有举升器。举升器多用气压驱动或液压驱动，与滚筒制动装置联动。当举升器升起时，滚筒被制动，不能转动。

（2）速度指示装置　将传来的与速度相对应的电信号（如电压或脉冲数）

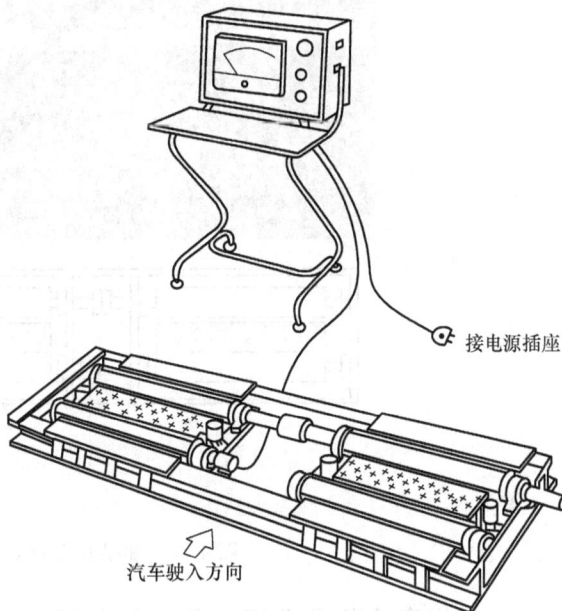

接电源插座

汽车驶入方向

图4-9　标准型车速表试验台的结构

和滚筒外圆周长等参数处理后，驱动指示装置指示以km/h为单位的车速。

（3）速度报警装置　速度报警装置是为判明车速表误差是否在合格范围内而设置的，一般有三种形式：

① 用试验台报警装置指示检测车速。当汽车实际车速达到某一规定值时，速度报警装置的指示灯发亮或蜂鸣器发响，提示驾驶人车辆已达到检测车速，注意观察驾驶室车速表指

示值是否在合格范围内。

② 用指示仪表上涂成绿色的区域表示车速表指示值与实际车速误差的合格范围。试验时，当汽车车速表指示值达到某一检测车速时，同时观察试验台速度表指示值是否在合格的绿色区域内。

③ 同时具备上述两种装置的报警装置。

2. 驱动型车速表试验台

车速表的转速信号多数取自汽车变速器或分动器的输出轴。但对于后置发动机的汽车，由于驱动车速表的软轴过长，会出现传动精度和寿命等方面的问题，所以转速信号取自前轮。驱动型车速表试验台就是为满足这种汽车的试验要求而制造的，其结构如图 4-10 所示。这种试验台在滚筒的一端装有电动机，由它来驱动滚筒旋转，并在滚筒与电动机之间装有离合器。若试验时将离合器分离，这种试验台又可作为标准型试验台使用。

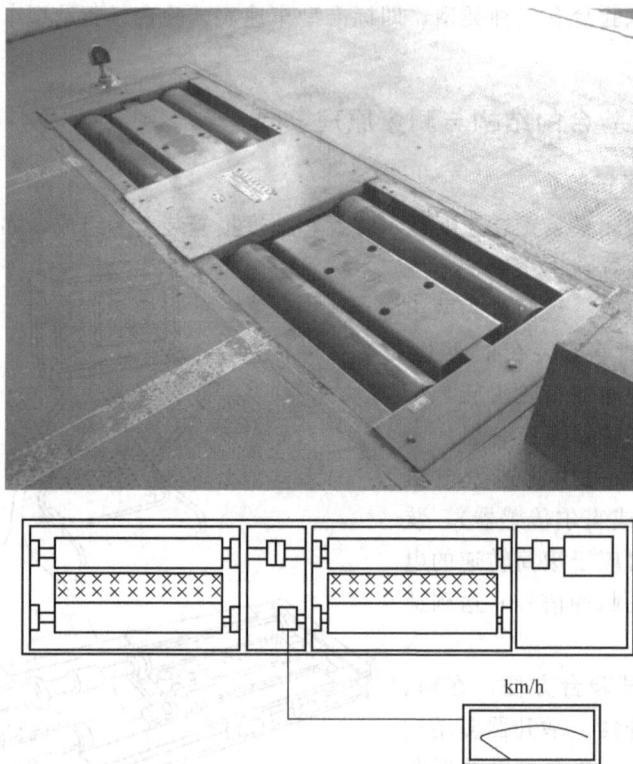

图 4-10　驱动型车速表试验台结构

二、车速表诊断参数标准及结果分析

1. 车速表检测标准

《机动车运行安全技术条件》（GB 7258—2012）规定，对于最大设计车速大于 40km/h 的机动车，车速表指示车速 v_1（单位为 km/h）与实际车速 v_2（单位为 km/h）之间应符合的关系为

$$0 \leqslant v_1 - v_2 \leqslant (v_2/10) + 4$$

2. 检测结果分析

① 车速表出现误差的主要原因是在长期使用过程中车速表本身出现了故障和损坏或轮

胎磨损。

② 车速表内有转动的活动盘、转轴、轴承、齿轮、游丝等零件和磁性元件，这些构件在工作过程中产生的磨损和性能变化会造成车速表的指示误差。对于因磨损而造成指示误差的车速表，应予更换。磁力式车速表的磁铁磁力退化也会引起指针指示值失准，此时应更换磁铁进行修复。

③ 汽车轮胎在使用过程中由于磨损，其半径逐渐减小。在变速器输出轴转速不变的条件下，汽车行驶速度因轮胎半径的变化而变化，而车速表的软轴是与变速器输出轴相连的，因此车速表指示值与实际车速形成误差。

④ 为消除车速表机件磨损和轮胎磨损形成的指示误差，应借助于车速表试验台适时地对车速表进行检验。

> **习题：**
> 1. 车速表指示误差产生的原因和危害是什么？
> 2. 车速表的检测方法有哪些？

任务五　汽车燃油经济性的检测

任务目标

1. 了解汽车燃油经济性检测的必要性。
2. 掌握常见燃油消耗仪的结构原理。
3. 掌握运用燃油消耗仪对汽车进行燃料经济性检测的方法和步骤。

任务实施

一、器材准备

燃油消耗仪一台、完好的汽油车和柴油车各一辆。

二、实施步骤

1. 油路的连接

图 4-11a 所示为油耗传感器在汽油车中的连接方法。这种连接方法的主要特点是把油耗传感器串联在汽油泵到化油器的油路中，分别将油耗传感器的入口接汽油泵的出口，油耗传感器的出口接化油器的入口。

图 4-11b 所示为油耗传感器在柴油车中的连接方法。这种连接方法的主要特点是把油耗传感器串联在油箱到高压油泵的油路中。值得注意的是，应该为其接好回油管路，并且必须把回油管路接在油耗传感器的出口管路上，以免燃油被油耗传感器重复计量，使油耗检测数据失真。图 4-11b 所示的连接方法在小流量测试时没有问题，但对于大流量的发动机，容易引起测量误差，所以应在油箱和油耗传感器之间装上辅助油泵，如图 4-11c 所示。

2. 汽油路中空气泡的排除

排除汽油车检测油路中的空气泡是一项很费时的工作，尤其当管路中存在堵塞或泄漏情况时，无法将空气泡彻底排尽。空气泡一旦产生，对油耗检测结果的影响就会非常大。油耗传感器会把空气泡所占的体积当作燃油消耗量计量，使得检测数据高于实际数，从而造成测量值的失真。

空气泡产生的原因通常为：

① 拆装油管时，原本充盈的油管产生滴漏现象，使得油管装好后里面充满空气泡。

② 连接油管时，由于夹箍没夹好，接头处造成渗漏，形成空气泡。

③ 汽油泵进油阀皮碗老化，密封性下降，造成供油压力不足，不断形成空气泡。

④ 发动机过热，形成气阻而产生空气泡。

⑤ 从油箱到汽油泵这一段管路局部存在老化现象，密封性差，不断产生空气泡。

⑥ 汽油滤清器堵塞或油箱盖上的气孔被堵塞，造成汽油泵泵油时形成"真空"，产生空气泡。

检测油耗时必须排除空气泡，通常可采取的方法有：将车上从油箱到汽油泵的管路"短路"，装上新的、密封性好的、无堵塞的油管，用性能较稳定的电动汽油泵和汽油滤清器代替原车相应部件，减短汽油泵到传感器的油管长度，使汽油泵到油耗传感器的阻力大大减小，从而避免空气泡对检测结果的不良影响。

3. 柴油路中空气泡的排除

在柴油车油路中装好油耗传感器后，必须用手动泵泵油，以泵油压力排除油路中的空气泡。它与汽油车的差别之一在于汽油车可以在发动后排除空气泡，而

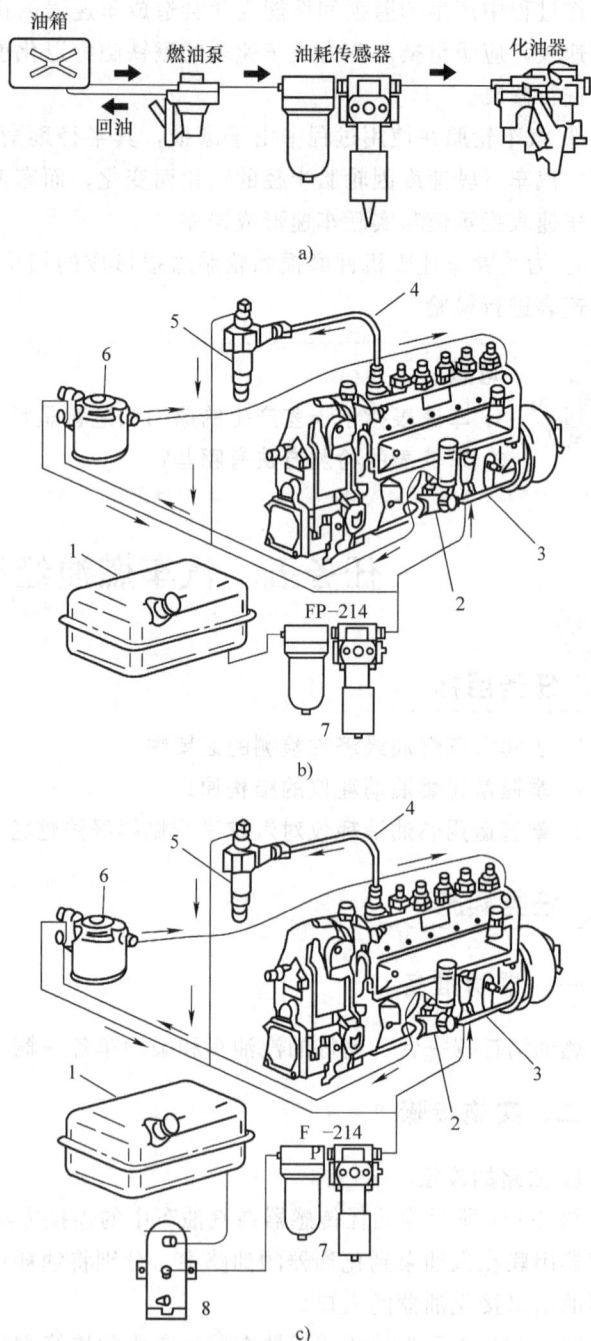

图 4-11　油路的连接

1—油箱　2—输油泵　3—喷油泵　4—油管　5—喷油嘴

6—滤清器　7—油耗传感器　8—辅助泵

柴油车必须在发动之前排尽油路中的空气泡；差别之二在于汽油车在拆去油耗传感器恢复原油路后无需排除空气泡，而柴油车在拆去传感器恢复原油路后仍需排除油路中刚产生的空气泡。

4. 测定电控喷油的汽油机油耗时应注意的问题

① 仅使用油耗传感器时，电控喷油的汽油机必须处理从压力调节器回流多余燃油的问题。如果多余的燃油回到油耗传感器的前面，则测出的油耗为发动机实际消耗的燃油与回流的燃油的总和。必须让多余的燃油回到油耗传感器的输出端才算正确，如图 4-12 所示。

② 在①的场合，当遇到油耗传感器及喷油泵间产生负压而引起气穴现象时，自油箱来的油压大概为 20kPa，有必要加一个辅助泵。该辅助泵使燃油泵进油端的油路保持正压，使气穴现象不易发生，从而可以进行稳定的油耗测量。

③ 当回流管路内有阻力，压力调节器的工作特性压力比规定压力高时，可采用回油处理用油罐使回油向大气开放，可解决上述问题。另外，MF—113 型加减压装置可作为燃油从油耗传感器流入回油处理用油罐的泵用。但是，回油处理用油罐的进口端最大截止压力为 50kPa，而 MF—113 的加压部加压后在减压部减到 50kPa 以下，因此当压力为 40～50kPa 时，没有必要装 MF—113。当供油压力为 50kPa 以上时，仅使用 MF—113 的减压部。

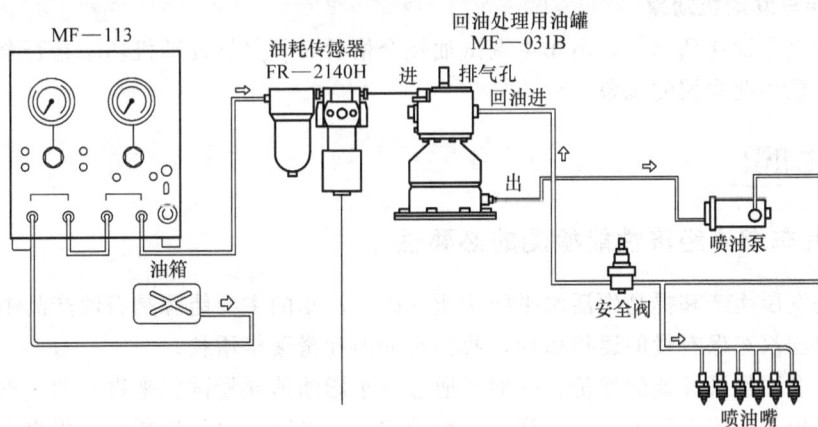

图 4-12 电控喷油的汽油机连接方式

5. 台架检测方法中所碰到的问题

（1）准确测量 为在台架检测中做到准确测量，应注意以下几点：

① 测试距离不得小于 500m。

② 发动机冷却液温度应在 80～90℃ 范围内。当冷却液温度过高时，应用鼓风机（冷却风扇）降温，使冷却液温度达到上述要求。

③ 在油耗工位测试时采用直接挡，无直接挡时用最高挡。若无特殊规定或说明，车速通常采用 50km/h，车速误差应控制在 ±0.5km/h 内。

④ 被测车辆底盘温度应随着室温变化而进行严格控制。当室温小于 10℃ 时，底盘温度应控制在 25℃ 以上（用点温计测量主减速器外壳温度），因为汽车底盘温度的高低决定了汽车行驶阻力，而行驶阻力的大小对油耗检测数据影响较大。通常应制作出各典型车型主减速器外壳温度与油耗的关系曲线，然后将油耗数据均修正到外壳温度为 25℃ 以上的值。

⑤ 柴油车还应考虑回油问题。

⑥ 轮胎气压（冷态）应符合该车技术条件的规定，误差不超过±0.01MPa，且左右轮胎花纹一致。

（2）安全　为确保台架检测时的安全，应注意以下几点：

① 被测车辆旁必须配备性能良好的灭火器。

② 油耗传感器用油管应透明、耐油、耐压，油管接头必须使用合格的环形夹箍，不得用铅丝缠绕，以确保无任何渗漏。

③ 拆卸油管时必须用沙盘接油，不允许用棉纱或其他易燃物接油，不允许燃油流到发动机排气管上。

④ 测试时发动机盖必须打开，以便观察是否有渗漏现象。测试完毕，安装好原管路后起动发动机，在确保无任何渗漏时方可盖上发动机盖。

（3）清洁问题　在进行台架检测时应注意下列清洁问题：

① 连接油路时，油耗传感器底板需处于水平状态，并注意进出口方向；不用时，进出油口必须加套保护，以防异物进入而卡死传感器活塞。

② 传感器的滤清器在脏物堵塞后可拆下，用压力小于500kPa的压缩空气吹除脏物。

6. 油耗与发动机功率

当一辆汽车油耗超标时，由车主调试油耗合格后必须复核发动机功率是否合格，以避免汽车性能出现顾此失彼的现象。

相关知识

一、汽车燃油经济性能检测的必要性

能源是发展生产和提高生活水平的物质基础。汽车的主要能源是石油产品中的汽油和柴油。随着我国汽车保有量的逐年增加，我国石油消耗量逐年增长。

对汽车燃油经济性能的评价，一般是通过汽车燃油消耗量试验来进行的。汽车燃油消耗量是用以评价在用汽车技术状况与维修质量的综合性参数，也是诊断和分析汽车故障的重要参考。汽车燃油消耗量常用燃油消耗检测仪测定的燃油消耗的体积或质量来表示。汽车检测站通常在底盘测功试验台上模拟路试来检测汽车燃油消耗量。

影响汽车燃料消耗量的因素主要有以下几方面：

① 车辆的技术状况，包括发动机的技术状况和底盘的技术状况两部分。

② 道路条件及气候，包括路面质量、交通混合情况、平原还是坡道、海拔和天气等。

③ 车辆载重及拖运情况。载重量和拖挂重量越大，油耗越高。

④ 驾驶技术。在其他条件相同的情况下，驾驶技术水平不同，油耗可相差20%～40%。

二、汽车燃油消耗仪（简称油耗计）

汽车燃料消耗量是用油耗计测量的。油耗计种类繁多，按测量方法可分为容积式油耗计、质量式油耗计、流量式油耗计、流速式油耗计。大多数油耗计都能连续、累计测量，但测试的流量范围和流量误差各不相同。

（1）容积式油耗计的结构和工作原理　容积式油耗计有容量式和定容式两种。容量式油

耗计通过累计发动机工作中所消耗的燃料总容量,用时间和里程来计算耗油量。它可以进行连续测量。其结构有行星活塞式、往复活塞式、膜片式、油泡式等,现以行星活塞式油耗计为例予以介绍。

容积式油耗计的流量检测装置是由流量变换机构及信号转换机构组成的。流量变换机构将一定体积的燃油流量变为曲轴的旋转运动。它是由十字形配置的四个活塞和旋转曲轴构成的,其工作原理如图 4-13 所示。

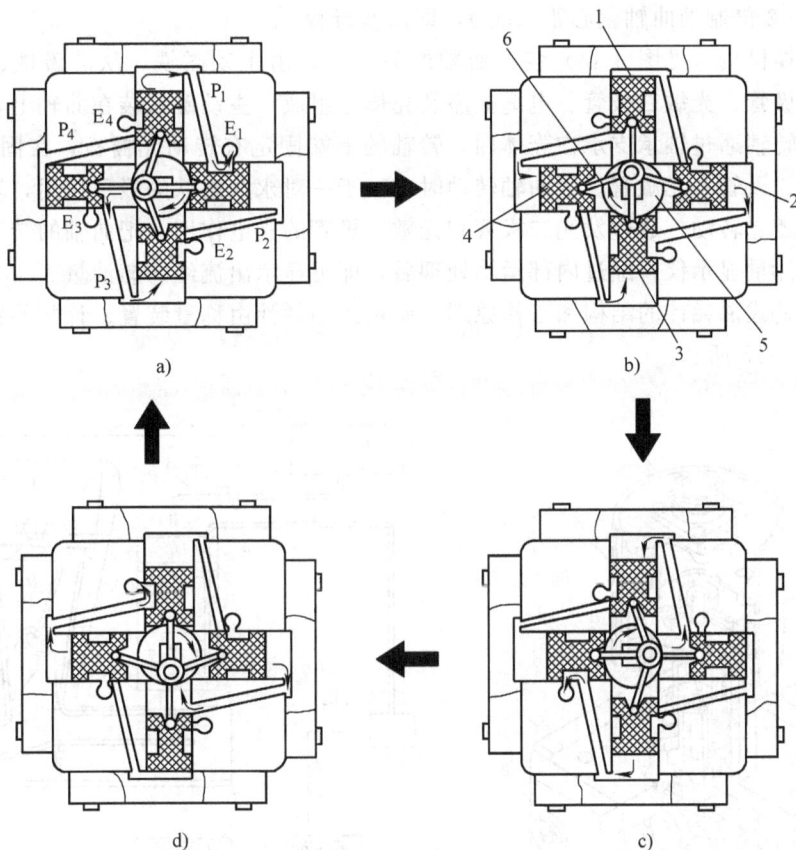

图 4-13 容积式油耗计的工作原理

1、2、3、4—活塞 5—曲轴 6—连杆

P_1、P_2、P_3、P_4—油道 E_1、E_2、E_3、E_4—排油口

燃油在泵油压力的作用下推动活塞运动,再由活塞运动推动曲轴旋转,曲轴旋转一周,四个活塞各往复运动一次,完成一个进、排油循环。活塞在油缸中处于进油行程还是排油行程,取决于活塞相对于进、排油口的位置。如图 4-13a 所示活塞 1 处于进油行程中,从其曲轴箱来的燃油通过油道 P_3 推动活塞 1 下行,并使曲轴做顺时针旋转,此时活塞 2 处于排油行程终了处,活塞 3 处在排油行程中,燃油从活塞 3 的上部通过油道 P_1 从排油口 E_1 排出,活塞 4 处于进油行程终了处。当活塞和曲轴位置如图 4-13b 所示时,活塞 1 处于进油行程终了处,活塞 2 处于进油行程中,油道 P_4 导通,活塞 3 处于排油行程终了处,活塞 4 处于排油行程中,燃油从油道 P_2 经排油口 E_2 排出。同理,可描述图 4-13c 和图 4-13d 所示位置各

活塞的进、排油状态。如此反复地在燃油泵泵油压力的作用下，就可完成定容量、连续泵油的作用。曲轴旋转一周，各缸分别排油一次，其排油量可用式（4-1）确定。

$$V = 4\pi D^2/4 \times 2h = 2h\pi D^2 \qquad (4\text{-}1)$$

式中　V——四缸排油量（cm^3）；

　　　4——代表四个油缸；

$\pi D^2/4$——某一活塞的横截面积（cm^2）；

　2h——2倍制的曲轴偏心距（cm），即活塞行程。

信号转换机构（见图4-14）装在曲轴的另一端，由主动磁铁、从动磁铁、转轴、光栅板、发光二极管、光敏二极管、电缆插座及壳体等组成。主动磁铁装在曲轴上，从动磁铁装在转轴上，转轴通过轴承支承在壳体内，转轴的上端固定有转动光栅板，在固定光栅板上、下方有发光二极管和光敏管。当曲轴转动时，由于一对永久磁铁的吸引作用，转轴及其上的转动光栅也随之转动，通过发光二极管和光敏二极管的光电作用，把曲轴的转动变成光电脉冲信号送入计量显示仪，经过内部运算处理后，即可显示出流经的燃油量。

（2）质量式油耗计的结构和工作原理　质量式油耗计由称量装置、计数装置和控制装置组成，如图4-15所示。

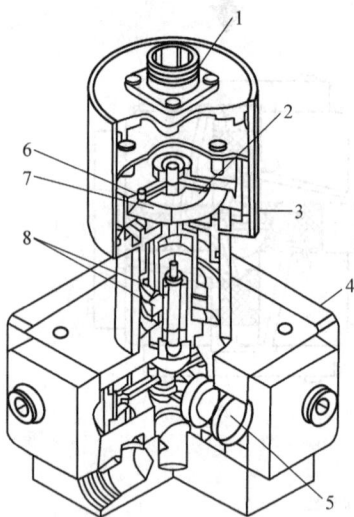

图 4-14　信号转换机构

1—信号端子　2—转动光栅　3—转速/脉冲变换部
4—流量/转速变换部　5—活塞　6—磁性联轴节
7—固定光栅　8—发光二极管（对置）

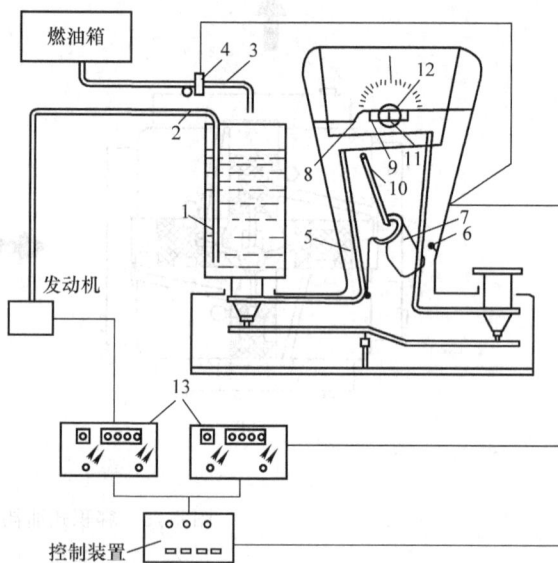

图 4-15　质量式油耗计的结构

1—油杯　2—出油管　3—加油管　4—电磁阀
5、6—限位开关　7—限位器　8、9—光敏二极管
10—光源　11—鼓轮机构　12—鼓轮　13—计数器

在测量消耗一定质量的燃油所需的时间后，即可按式（4-2）算出单位时间内发动机的燃油消耗量。

$$G = 3.6w/t \qquad (4\text{-}2)$$

式中　w——燃油质量（g）；

　　　t——测量时间（s）；

G——燃油消耗量（kg/h）。

称量装置通常用台秤改制而成，量程为 10kg，称量误差为 ±0.1%。称量装置的秤盘上装有油杯 1，燃油经电磁阀 4 加入油杯。电磁阀的开闭由装在平衡块上的行程限位器 7 拨动两个微型限位开关 5 和 6 来控制。光电传感器给出油耗始点和终点信号。光电传感器由两个光敏二极管 8、9 和装在棱形指针上的光源 10 组成。光敏二极管 8 为固定式，光敏二极管 9 装在活动滑块上，滑块通过齿轮齿条机构移动，齿轮轴与鼓轮 12 相连，计量的燃油量通过转动鼓轮 12 从刻度盘上读出。计量开始时，光源 10 的光束射在光敏二极管 8 上，光敏二极管 8 发出信号，使计数器 13 开始计数。随着油杯中燃油的消耗，指针移动。当光束射到光敏二极管 9 上时，光敏二极管 9 发出信号，使计数器停止计数。上述质量式油耗计有一个系统误差，即测量时油杯中油位会发生变化，使伸入油杯中的油管浮力的反作用力变化，从而造成称量时的系统误差。此项系统误差必须根据汽车耗油量及油杯液位的变化进行修正。此外，当以 L/100km 为耗油量单位时，在换算中必须考虑燃油密度与温度之间的关系。

📖 知识链接 ▶

汽车油耗计的维护

汽车油耗计的使用频率较高，为了保证其检测数据的公正性和确保其检测精度，必须有专人对其进行维护保管，并且每年均应进行计量检定。行星活塞式油耗计在维护不当时一般有以下两种最常见的故障：

1. 油耗计活塞在油耗计缸体中卡死

此故障多发生在使用不干净的燃油做油耗试验的过程中。不干净的燃油中有微小颗粒（异物），如果不将其清除，那么小颗粒通过油耗计入口进入缸体内，再由活塞运动到达缸壁，容易形成拉缸或卡死现象。所以一定要在油耗计入口前安装一个燃油滤芯，防止异物进入油耗计，而且在不使用油耗计的情况下，在其进、出油口加套保护，并且要保证其表面清洁。

2. 油耗计无脉冲信号

此故障多发生在油耗计被强烈碰撞后，其机械部分尚能正常工作，但无脉冲信号输出。这是由于油耗计壳体上部的从动磁铁与下部的主动磁铁之间的磁场相位因外力而发生变化，故无脉冲信号输出。所以一定要在检测油耗时固定住油耗计，以防止发生碰撞后出现上述故障。如果发生上述故障，只需用一块磁铁在油耗计外部顺时针方向旋转几次，即可恢复油耗计内原磁场的相位。

> **习题：**
> 1. 测定电控喷油的汽油机油耗时应注意的问题有哪些？
> 2. 简述检测汽车燃油经济性能的必要性。

任务六 汽车排放污染物的检测——用不分光红外线气体分析仪检测汽油车废气

任务目标

1. 掌握不分光红外线气体分析仪的结构与基本原理。
2. 汽油车污染物的基本检测原理。

任务实施

一、器材准备

不分光红外线气体分析仪一台、完好的汽油车一辆。

二、实施步骤

汽油车怠速污染物的检测应在怠速工况下，采用不分光红外线气体分析仪，按规定程序检测 CO 和 HC 的浓度值。双怠速试验按《点燃式发动机汽车排气污染物排放限值及测量方法（双怠速法及简易工况法）》（GB 18285—2005）附录 A 的规定进行。

怠速工况是指发动机运转，离合器处于接合位置，加速踏板与手油门处于松开位置，变速器处于空挡位置，采用化油器的供油系统的阻风门处于全开位置。

1. 受检车辆或发动机的准备

① 进气系统应装有空气滤清器，排气系统应装有排气消声器，并不得有泄漏现象。

② 汽油应符合国家标准的规定。

③ 测量时发动机冷却液和润滑油的温度应达到汽车使用说明书规定的要求。

2. 怠速测量程序

① 必要时在发动机上安装转速计、点火定时仪、冷却液和润滑油测温计等测试仪器。

② 使发动机由怠速工况加速至额定转速的 70%，维持 30s 后降至怠速状态。

③ 在发动机降至怠速状态后，将取样探头插入排气管中，深度等于 400mm，并固定于排气管上。

④ 先把指示仪表的读数转换开关置于最高量程挡位，再一边观看指示仪表，一边用读数转换开关选择适于排气含量的量程挡位。在发动机于怠速状态维持 15s 后开始读数，读取 30s 内的最高值和最低值，其平均值即为测量结果。

⑤ 若为多排气管，则取各排气管测量结果的算术平均值。

⑥ 测量工作结束后，把取样探头从排气管里抽出来，让它吸入新鲜空气 5min，待仪器指针回到零点后再关闭电源。

3. 双怠速测量程序

① 必要时在发动机上安装转速计、点火定时仪、冷却液和润滑油测温计等测试仪器。

② 使发动机由怠速工况加速至额定转速的 70%，维持 30s 后降至高怠速（即额定转速的 50%）。

③ 在发动机降至高怠速状态后，将取样探头插入排气管中，深度等于 400mm，并固定于排气管上。

④ 先把指示仪表的读数转换开关置于最高量程挡位，再一边观看指示仪表，一边用读数转换开关选择适于排气含量的量程挡位。在发动机于高怠速状态维持 15s 后开始读数，读取 30s 内的最高值和最低值，取平均值即为高怠速排放测量结果。

⑤ 使发动机从高怠速状态降至怠速状态，在怠速状态维持 15s 后开始读数，读取 30s 内的最高值和最低值，其平均值即为怠速排放测量结果。

⑥ 若为多排气管，则分别取各排气管高怠速排放测量结果的算术平均值和怠速排放测量结果的算术平均值。

⑦ 测量工作结束后，把取样探头从排气管里抽出来，让它吸入新鲜空气 5min，待仪器指针回到零点后再关闭电源。

相关知识

一、不分光红外线气体分析仪的结构与基本原理

不分光红外线气体分析仪是一种能够从汽车排气管中采集气样，并对其中所含 CO 和 HC 的浓度进行连续测量的仪器。图 4-16 所示为不分光红外线气体分析仪。它由废气取样装置、废气分析装置、废气浓度指示装置和校准装置等组成。

1. 废气取样装置

废气取样装置由取样探头、滤清器、导管、水分离器和泵等组成。它通过取样探头、导管和泵从车辆排气管里采集废气，再用滤清器和水分离器把废气中的炭渣、灰尘和水分等除掉，只把废气送入分析装置。

2. 废气分析装置

废气分析装置由红外线光源、气样室、旋转扇轮（截光器）、测量室和传感器等组成。该装置按照不分光红外线分析法，从来自取样装置的混有多种成分的废气中，测量出 CO 和 HC 的浓度，并将其以电信号的形式输送给废气浓度指示装置。

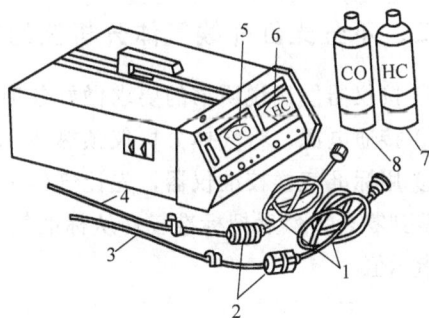

图 4-16 不分光红外线气体分析仪
1—导管 2—滤清器 3—低浓度取样探头 4—高浓度取样探头 5—CO 指示仪表 6—HC 指示仪表 7—标准 HC 气样瓶 8—标准 CO 气样瓶

3. 浓度指示装置

综合式气体分析仪的浓度指示装置主要由 CO 指示装置和 HC 指示装置组成，有指针式仪表和数字式显示器两种类型。从废气分析装置送来的电信号，在 CO 指示仪表上，以体积百分数表示 CO 的浓度；在 HC 指示仪表上，以正己烷当量体积的百万分数表示 HC 的浓度。

指针式气体分析仪如图 4-17 所示。它可利用零点调整旋钮、标准调整旋钮和读数挡位转换开关等进行控制。此外，还可以通过气流通道一端设计的流量计，得知废气通道滤清器是否脏污等异常情况。

4. 校准装置

校准装置是一种为了保持分析仪的指示精度，使之能准确指示测量值的装置。在此装置中，既设有用加入标准气样进行校准的装置，也设有用机械方式进行简易校准的装置。

标准气样校准装置是把分析仪生产厂附带来的供校准用的标准气样（CO 和 HC），从分析仪上专设的标准气样注入口直接送到废气分析装置，再通过比较标准气样浓度值和仪表指示值的方法来进行校准的一种装置。

简易校准装置通常是用遮光板把废气分析装置中通过测量气样室的红外线遮挡住一部分，用减少一定量红外线能量的方法进行简单校准的装置。

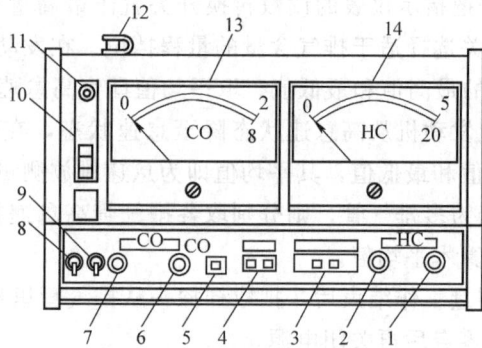

图 4-17　指针式气体分析仪

1—HC 标准调整旋钮　2—HC 零点调整旋钮　3—HC 读数转换开关
4—CO 读数转换开关　5—简易校准开关　6—CO 标准调整开关
7—CO 零点调整开关　8—电源开关　9—泵开关　10—流量计
11—电源指示灯　12—标准气样注入口　13—CO 指示仪表
14—HC 指示仪表

二、不分光红外线气体分析仪的操作方法

① 按仪器使用说明书的要求做好各项检查工作。

② 接通电源，将气体分析仪预热 30min 以上。

③ 用标准气样校准仪器，先让气体分析仪吸入清洁的空气，用零点调整旋钮把仪表指针调整到零点，然后把标准气样从标准气样注入口注入，再用标准调整旋钮把仪表指针调到标准指示值。

注意：
在灌注标准气样时，要关掉气体分析仪上的泵开关。

CO 校准的标准值就是标准气样瓶上标明的 CO 浓度值；校准 HC 的标准值时，由于是用丙烷作为标准气样，因此要按式（4-3）求出正己烷的换算值作为校准的标准值。

$$校准的标准值（即正己烷换算值）= 标准气样（丙烷）浓度 \times 换算系数 \qquad (4-3)$$

式中　标准气样（丙烷）浓度——标准气样瓶上标明的浓度值；

　　　换算系数——气体分析仪给出的值，一般为 0.472～0.578。

用简易装置校准仪器时，先接通简易校准开关，对于有校准位置刻度线的仪器，可用标准调整旋钮将仪表指针调整到正对标准刻度线的位置；对于没有标准位置刻度线的仪器，要在标准气样校准后立即进行简易校准，使仪表指针与标准气样校准后的指示值重合。

④ 把取样探头和取样导管安装到气体分析仪上，此时如果仪表指针超过零点，则表明导管内壁吸附有较多的 HC，需要用压缩空气或布条等清洁取样探头和导管。

三、汽油车污染物的检测

1. 基本检测原理

汽车排气中的 CO、HC、NO 和 CO_2 等气体，分别具有吸收一定波长的红外线的性质，
而且红外线被吸收的程度与废气浓度之
间有一定的关系，如图 4-18 所示。不分
光红外线分析法就是根据这一原理，即
通过废气吸收一定波长红外线能量的变
化，来检测废气中各种污染物的含量。
在各种气体混在一起的情况下，这种检
测方法具有测量值不受影响的特点。

利用不分光红外线分析法制成的分
析仪，既可以制成单独检测 CO 或 HC 含

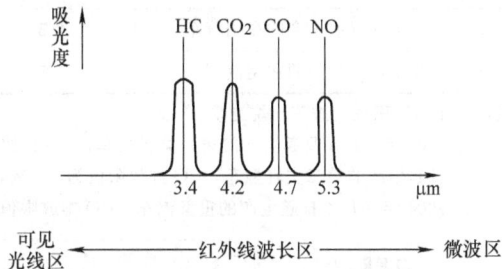

图 4-18　四种气体吸收红外线的情况

量的单项分析仪，也可以制成能测量这两种气体含量的综合分析仪。排气中 CO 的浓度是直
接测量的，而排气中 HC 的成分非常复杂，因此要把各种 HC 成分的浓度换算成正己烷的浓
度后再作为 HC 浓度的测量值。

2. 排气污染物的检验标准

我国于 1979 年颁布了《中华人民共和国环境保护法（试行）》，1984 年实施了汽车污染
物排放标准和测量方法的国家标准。其后，又相继制定了几项国家排放标准，并对上述排放
标准进行了修订，从严规范了诊断参数限值和测量方法。

《点燃式发动机汽车排气污染物排放限值及测量方法（双怠速法及简易工况法）》（GB
18285—2005）和《车用压燃式发动机和压燃式发动机汽车排气烟度排放限值及测量方法》
（GB 3847—2005）是我国在用汽车排气污染物限值及测试方法的最新国家标准。

《点燃式发动机汽车排气污染物排放限值及测量方法（双怠速法及简易工况法）》（GB
18285—2005）中规定了点燃式发动机汽车怠速和高怠速工况排气污染物排放限值及测量方
法，同时规定了稳稳态工况法，瞬时工况法和简易工况法三种简易工况测量方法。

按照 GB 18285—2005 的规定，装配点燃式发动机的汽车的排气污染物限值如下：

① 装配点燃式发动机的新生产汽车排气污染物排放限值见表 4-4。从表 4-4 可以看出，
高怠速排放测量值应低于怠速排放测量值。

表 4-4　新生产汽车排气污染物排放限值（体积分数）

车辆类型	怠速		高怠速	
	CO（%）	HC（10^{-6}）	CO（%）	HC（10^{-6}）
2005 年 7 月 1 日起新生产的第一类轻型汽车	0.5	100	0.3	100
2005 年 7 月 1 日起新生产的第二类轻型汽车	0.8	150	0.5	150
2005 年 7 月 1 日起新生产的重型汽车	1.0	200	0.7	200

注：1. HC 容积浓度按正己烷当量。
2. 第一类轻型车是指车辆设计乘员数（含驾驶人）不超过 6 人，且车辆的最大总质量不超过 2500kg，至少有四
个轮，或有三个轮且厂定最大总质量超过 1000kg 的汽车。
3. 第二类轻型车是除第一类轻型车以外的其他所有轻型车。
4. 重型车是指最大总质量超过 35000kg 的车辆。

② 装配点燃式发动机的在用车辆怠速试验排气污染物排放限值见表 4-5。

表 4-5　装配点燃式发动机的在用车辆怠速试验排气污染物排放限值（体积分数）

车 辆 类 型	轻 型 车		重 型 车	
	CO（%）	HC（10^{-6}）	CO（%）	HC（10^{-6}）
1995 年 7 月 1 日以前生产的在用汽车	4.5	1200	5.0	2000
1995 年 7 月 1 日起生产的在用汽车	4.5	900	4.5	1200

注：1. HC 容积浓度按正己烷当量。

2. 2000 年 7 月 1 日起生产的第一类轻型车，CO 排放限值为 0.8%，HC 排放限值为 150×10^{-6}；2001 年 10 月 1 日起生产的第二类轻型车，CO 排放限值为 1.0%，HC 排放限值为 200×10^{-6}。

3. 2004 年 9 月 1 日起生产的重型汽车，CO 排放限值为 1.5%，HC 排放限值为 250×10^{-6}。

习题：

1. 简述不分光红外线气体分析仪的结构和基本原理。
2. 用不分光红外线气体分析仪对汽油车废气进行检测。

任务七　汽车排放污染物的检测——用滤纸式烟度计检测柴油车尾气烟度

任务目标

1. 掌握滤纸式烟度计的结构与工作原理。
2. 掌握柴油车污染物检测的基本原理。
3. 掌握运用滤纸式烟度计对柴油车进行废气检测的方法和步骤。

任务实施

一、器材准备

滤纸式烟度计一只、完好的柴油车一辆。

二、实施步骤

按照 GB 3847—2005 中的附录 K，柴油车自由加速烟度的检测应在自由加速工况下，采用滤纸式烟度计，按测量规程进行。

自由加速工况是指柴油发动机于怠速工况（发动机运转，离合器处于接合位置，加速踏板与手油门处于松开位置，变速器处于空挡位置，具有排气制动装置的发动机的蝶形阀处于全开位置），迅速但不猛烈地踏下加速踏板，但喷油泵供给最大油量。在发动机达到调速器最大允许的最大转速前，保持此位置，一旦达到最大转速，立即松开加速踏板，使发动机恢复至怠速。

1. 仪器准备

① 通电前，检查指示仪表指针是否指在机械零点上，否则用零点调整螺钉使指针与

"0"的刻度重合。

② 接通电源，对仪器进行预热。打开测量开关，在检测装置上垫 10 张全白滤纸，调节粗调及微调电位器，使表头指针与"0"的刻度重合。

③ 在 10 张全白滤纸上放上标准烟样，并对准检测装置，仪表指针应指在标准烟样的染黑度数值上，否则应进行调节。

④ 检查取样装置和控制装置中各部机件的工作情况，特别要检查脚踏开关与活塞抽气泵动作是否同步。

⑤ 检查控制用压缩空气和清洗用压缩空气的压力是否符合要求。

⑥ 检查滤纸进给机构的工作情况是否正常，检查滤纸是否合格，滤纸应洁白无污。

2. 受检车辆的准备

① 进气系统应装有空气滤清器，排气系统应装有消声器并且不得有泄漏。

② 柴油应符合国家规定，不得使用燃油添加剂。

③ 测量时发动机的冷却液和润滑油的温度应达到汽车使用说明书所规定的值。

④ 自 1975 年 7 月 1 日起新生产柴油车用的柴油机，应保证起动加浓装置在非起动工况不再起作用。

3. 测量程序

① 用压力为 0.3～0.4MPa 的压缩空气清洗取样管路。

② 把抽气泵置于待抽气位置，将洁白的滤纸置于待取样位置，并将滤纸夹紧。

③ 将取样探头固定于排气管内，插入深度等于 300mm，并使其轴线与排气管轴线平行。

④ 将脚踏开关引入汽车驾驶室内，但暂不固定在加速踏板上。

⑤ 按照自由加速工况的规定加速 3 次，以清除排气系统中的积存物，然后把脚踏开关固定在加速踏板上进行实测。

⑥ 测量取样，按照自由加速工况的规定和图 4-19 所示自由加速烟度测量规程，将加速踏板与脚踏开关一并迅速踩到底，持续 4s 后立刻松开，维持怠速运转。如此循环测量 4 次，取后 3 个循环烟度读数的算术平均值作为所测烟度值。

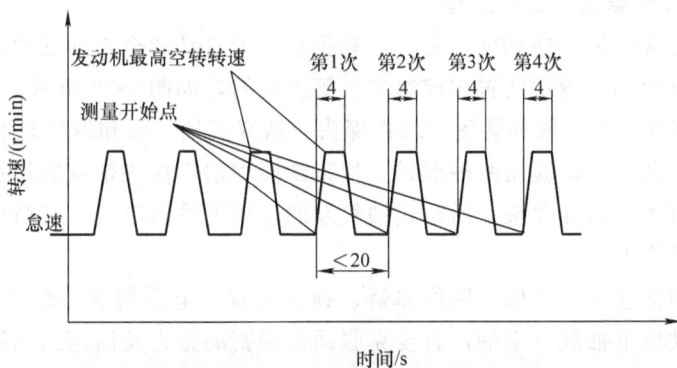

图 4-19　自由加速烟度测量规程

⑦ 当汽车发动机出现排气管冒出黑烟的时间与抽气泵开始抽气的时间不同步的现象时，应取最大烟度值作为所测烟度值。

⑧ 在被染黑的滤纸上记下试验序号、试验工况和试验日期等，以便保存。

⑨ 检测结束，及时关闭电源和气源。

相关知识

一、柴油车排放标准及测试方法

柴油车排出的烟有黑烟、蓝烟和白烟三种。其中，以柴油机在全负荷和加速工况时排出的黑色炭烟最为常见。黑烟的发暗程度用排气烟度表示，排气烟度用烟度计检测。烟度计可分为滤纸式、透光式、重量式等多种形式。

《车用压燃式发动机和压燃式发动机汽车排气烟度排放限值及测量方法》（GB 3847—2005）规定了车用压燃式发动机和压燃式发动机汽车的排气烟度排放限值及测量方法，适用于压燃式发动机汽车排气烟度的排放，包括新车型式标准和生产一致性检查、新生产汽车和在用汽车的检测。

GB 3847—2005 规定，对于装配压燃式发动机，最大总质量大于或等于 400kg，最大设计车速大于或等于 50km/h 的在用汽车，自由加速试验（滤纸烟度法）烟度排放限值如表 4-6。

表 4-6　装配压燃式发动机的车辆自由加速试验（滤纸烟度法）烟度排放限值

车 辆 类 型	烟度值/Rb
1995 年 7 月 1 日至 2001 年 9 月 3 日期间生产的在用汽车	≤4.5
1995 年 6 月 30 日前生产的在用汽车	≤5.0

二、滤纸式烟度计的基本工作原理

1. 基本检测原理

滤纸式烟度计的测量原理为：用一个活塞式抽气泵，从柴油机排气管中抽取一定体积的废气，使它通过一张一定面积的白色滤纸，废气中的炭烟存留在滤纸上，将其染黑，用检测装置测定滤纸的染黑度，再由指示装置指示出来，该染黑度即代表柴油车的排气烟度。

2. 滤纸式烟度计的结构与工作原理

滤纸式烟度计是应用最广的烟度计之一，有手动、半自动和全自动三种形式，都是由废气取样装置、染黑度检测与指示装置和控制装置等组成的，如图 4-20 所示。

（1）废气取样装置　废气取样装置由取样探头、活塞式抽气泵和取样软管等组成。取样探头分为台架试验用和整车试验用两种形式。整车试验用取样探头带有散热片，其上装有夹具以便固定在排气管上。取样探头在活塞式抽气泵的作用下抽取废气，其结构应能保证在取样时不受排气动压的影响。

活塞式抽气泵由活塞泵、手柄、回位弹簧、锁止装置、电磁阀和滤纸夹持机构等组成。取样前，手动或自动压下抽气泵手柄，直至克服回位弹簧的张力使活塞到达最下端，并由锁止机构锁紧。当需要取样时，踩下脚踏开关或按下"手动抽气"按钮，可操纵电磁阀使压缩空气解除锁止机构对活塞的锁紧作用，活塞在回位弹簧张力的作用下上升到顶端，完成取样过程。

滤纸夹持机构在取样时实现对滤纸的夹紧和密封，使取样过程中的排气经滤纸进入泵筒内,炭烟存留在滤纸上并将其染黑,并能保证滤纸的有效工作面直径为 $\phi32mm$。取样完成后,滤纸夹持机构松开,染黑的滤纸由进给机构送至染黑度检测装置。

取样软管把取样探头和活塞式抽气泵连接在一起。抽气泵的抽气量与软管的容积有关。国家标准规定,取样软管长度为 5.0m,内径为 $\phi5\sim\phi0.2mm$,取样系统局部内径不得小于 $\phi4mm$。

(2)染黑度检测与指示装置 染黑度检测与指示装置由光电传感器、指示仪表或数字式显示器、滤纸和标准烟样等组成。光电传感器由光源(白炽灯泡)、光敏元件(环形硒光电池)等组成。染黑度检测与指示装置的工作原理如图 4-21 所示。电源接通后白炽灯泡发亮,其光亮通过带有中心孔的环形硒光电池照射到滤纸上,当滤纸的染黑度不同时,反射给环形硒光电池感光面的光线强度也不同,因而环形硒光电池产生的光电流也就不同。

指示仪表是一块微安表,是滤纸染黑度即排气烟度的指示装置。当环形硒光电池送来的光电流不同时,指示仪表指针的位置也不同。指示表头以 $0\sim10Rb$ 表示。其中,$0Rb$ 表示全白滤纸,$10Rb$ 表示全黑滤纸,从 $0\sim10Rb$ 均匀分布。

检测装置一般都备有供标定或校准用的标准烟样和符合规定的滤纸。标准烟样也称为烟度卡,应在烟度计上标定,准确度为 0.5%。当标准烟样用于标定烟度计时,按量程均匀分布不得少于 6 张;当用于校准烟度计时,每台烟度计 3 张,标定值选在 5Rb 左右。当烟度计指示仪表需要校准时,只要把标准烟样放在光电传感器下,用调节旋钮把指示电表的指针调整到标准烟样所代表的染黑度数值即可。这可使指示仪表保持指示精度,以得出准确的测量结果。烟度计必

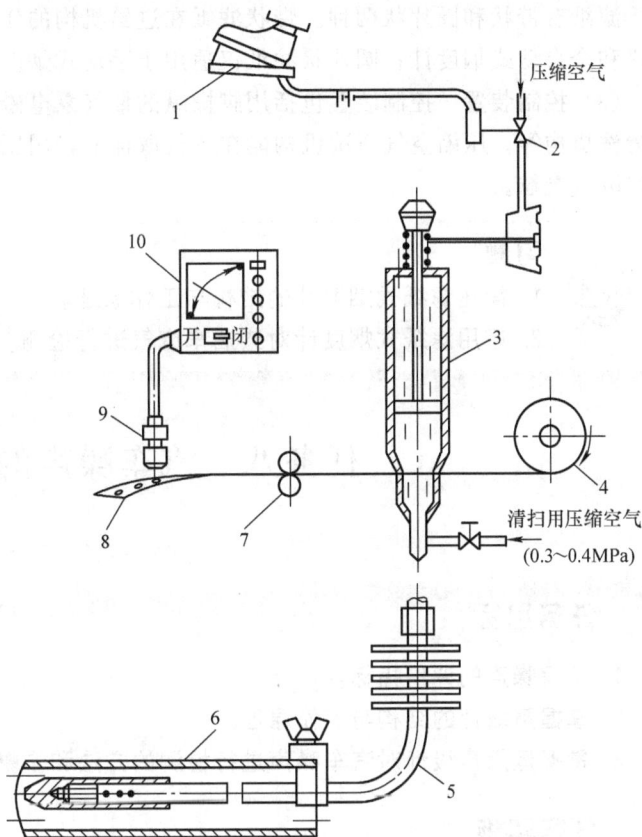

图 4-20 滤纸式烟度计的结构
1—脚踏开关 2—电磁阀 3—抽气泵 4—滤纸卷
5—取样探头 6—排气管 7—进给机构 8—染黑的滤纸
9—光电传感器 10—指示仪表

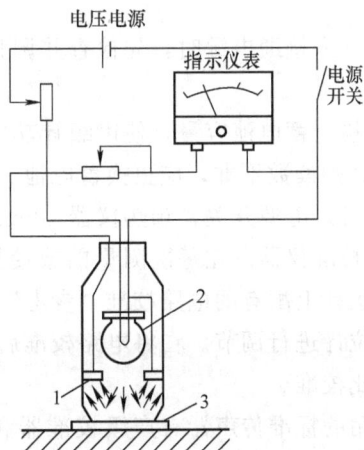

图 4-21 染黑度检测与指示装置的工作原理
1—环形硒光电池 2—电灯泡 3—滤纸

须定期标定，要求在有效期内使用。

滤纸有带状和圆片状两种。带状滤纸在进给机构的作用下能实现连续传送，适用于半自动式和全自动式烟度计；圆片状滤纸仅适用于手动式烟度计。

（3）控制装置　控制装置包括用脚操纵的抽气泵电磁脚踏开关、滤纸进给机构和压缩空气清洗机构等。压缩空气清洗机构能在废气取样前，用压缩空气清洗取样头和取样软管内的残留废气炭粒。

> **习题：**
> 1. 简述滤纸式烟度计的结构与工作原理。
> 2. 运用滤纸式烟度计对柴油车废气进行检测。

任务八　汽车噪声的检测

任务目标

1. 了解噪声的评价指标。
2. 掌握声级计的结构与工作原理。
3. 掌握运用声级计对汽车噪声进行检测的方法和步骤。

任务实施

一、器材准备

声级计一台、完好的汽油车一辆。

二、实施步骤

① 在未接通电源时，先检查并调整仪表指针的机械零点，可用零点调整螺钉使指针与零点重合。

② 检查蓄电池容量，使声级计功能开关对准"电池"位置，此时电表指针应达到额定红线，否则读数不准，应更换蓄电池。

③ 打开电源开关，预热仪器 10min。

④ 校准仪器。在每次测量前或使用一段时间后，应对仪器的电路和传声器进行校准。根据声级计上配有的电路校准"参考"位置，校验放大器的工作是否正常，若不正常，则用微调电位计进行调节。在将电路校准后，再用已知灵敏度的标准传声器对声级计上的传声器进行对比校准。

常用的标准传声器有声级校准器和活塞式发声器。它们的内部都有一个可发出恒定频率、恒定声级的机械装置，因而很容易对比出被检传声器的灵敏度。声级校准器产生的声压级为 94dB，频率为 1000Hz；活塞式发声器产生的声压级为 124dB，频率为 250Hz。

⑤ 将声级计的功能开关对准"线性"挡和"快"挡，由于室内的环境噪声一般为 40～60dB，因此声级计上应有相应的示值。当变换衰减器刻度盘的挡位时，表头示值应相应地变化 10dB 左右。

⑥ 检查计权网络。按上述步骤，将"线性"位置依次转换为"C""B""A"。由于室内环境噪声多为低频成分，故经三挡计权网络后的噪声级示值将低于线性值，而且应依次递减。

⑦ 检查"快"挡和"慢"挡。将衰减器刻度盘调到高分贝值处（如 90dB），通过操作人员发声来观察"快"挡时的指针能否跟上发音速度，以及"慢"挡时的指针摆动是否明显迟缓。

⑧ 在投入使用时，若不知道被测噪声级有多大，则必须把衰减器刻度盘预先放在最大衰减位置（即 120dB），然后在实测中再逐步旋至被测声级所需要的衰减挡。

相关知识

噪声作为一种严重的公害已日益引起人们的关注，目前世界各国已纷纷制定出控制噪声的标准。噪声的一般定义是：频率和声强杂乱无章的声音组合对人和环境造成的影响。更人性化的描述是，人们不喜欢的声音就是噪声。

随着汽车向快速和大功率方面发展，汽车噪声已成为一些大城市的主要噪声源。汽车噪声主要包括：发动机的机械噪声、燃烧噪声、进排气噪声和风扇噪声，底盘的机械噪声、制动噪声和轮胎噪声，车厢振动噪声，货物撞击噪声，喇叭噪声，转向、倒车时的蜂鸣声等噪声。由于车辆噪声具有游走性，影响范围大，干扰时间长，因而危害比较大。

一、噪声的评价指标

（1）噪声的声压和声压级　噪声的主要物理参数有声压与声压级、声强与声强级和声功率与声功率级。其中，声压与声压级是表示声音强弱的最基本参数。

声压是指声波引起的在弹性介质中压力的变化值。声音的强弱取决于声压，声压越大，人们听到的声音越强。

声压级是指某点的声压 P 与基准声压 P_o 的比值取常用对数再乘以 20 的值，单位为分贝（dB）。可闻声的声压级范围为 0～120dB。

（2）噪声的频谱　人耳对声音的感觉不仅与声压有关，而且与声音的频率有关。人耳可闻声音的频率范围为 20～20000Hz。一般的声源并不是仅发出单一频率的声音，而是发出具有很多频率成分的复杂声音。声音听起来之所以会有很大的差别，就是因为它们的组成成分不同。因此，要全面了解一个声源的特性，仅知道它在某一频率下的声压级和声功率级是不够的，还必须知道它的各种频率成分和相应的声音强度，这就是频谱分析。

噪声的频谱也是噪声的评价指标之一。以声音频率（单位为 Hz）为横坐标，以声音强度（如声压级，单位为 dB）为纵坐标绘制的噪声测量图形称为频谱图。

（3）噪声级　声压级相同的声音，但由于频率不同，听起来并不一样响；相反，不同频率的声音，虽然声压级不同，但是有时听起来却一样响。因此，用声压级测定的声音强弱与人们的生理感觉往往不一样。因而，对噪声的评价常采用与人耳生理感觉相适应的指标。

为了模拟人耳在不同频率有不同的灵敏性，在声级计内设有一种能够模拟人耳的听觉特性，把电信号修正为与听觉近似值的网络，这种网络称作计权网络。通过计权网络测得的声压级，已不再是客观物理量的声压级，而是经过听感修正的声压级，称为计权声级或噪声级。

（4）汽车噪声的标准 《机动车运行安全技术条件》（GB 7258—2005）对客车车内噪声级、汽车驾驶人耳旁噪声级和机动车喇叭声级作了规定；《汽车加速行驶车外噪声限值及测量方法》（GB 1495—2002）对车外最大噪声级及其测量方法作了规定。

① 车外最大允许噪声级。汽车加速行驶时，车外最大允许噪声级应符合表 4-7 的规定。各类机动车辆的变型车或改装车（消防车除外）的加速行驶车外最大允许噪声级应符合其基本型车辆的噪声规定。

表 4-7 车外最大允许噪声级

车 辆 类 型		车外最大允许噪声级/dB(A)	
		第一阶段	第二阶段
		2002 年 10 月 1 日至 2004 年 12 月 30 日期间生产的汽车	2005 年 1 月 1 日后生产的汽车
N_2（3.5t＜GVM≤5t）或 N_3（GVM＞12t）	P＜75kW	83	81
	75kW≤P≤150kW	86	83
	P＞150kW	88	84
M_1		77	74
M_2（GVM≤3.5t）或 N_1（GVM≤3.5t）	GVM≤2t	78	76
	2t＜GVM≤3.5t	79	77
M_2（3.5t＜GVM≤5t）或 M_3（GVM＞5t）	P＜150kW	82	80
	P≥150kW	85	83

注：GVM 表示最大总质量，P 表示发动机额定功率。

② 客车车内最大允许噪声级不大于 82dB。

③ 汽车驾驶人耳旁噪声级应不大于 90dB。

④ 机动车喇叭声级，在距车前 2m、离地高 1.2m 处测量时，其值应为 90～115dB。

二、声级计的结构与原理

在汽车噪声的测量方法中，国家标准规定使用的仪器是声级计。

声级计是一种以近似于人耳听觉特性来测定噪声级的仪器，可以用来检测机动车的行驶噪声、排气噪声和喇叭声音响度级。

根据测量精度的不同，声级计可分为精密声级计和普通声级计两类；根据所用电源的不同，声级计可分为交流式声级计和直流式声级计两类。

声级计一般由传声器、放大器、衰减器、计权网络、检波器、指示表头和电源等组成。其工作原理是：被测的声波通过传声器被转换为电压信号，根据电压信号的大小选择衰减器或放大器，放大后的信号送入计权网络处理，最后经过检波并在以 dB 标度的表头上指示出噪声数值。图 4-22 所示为我国生产的 ND_2 型精密声级计。

（1）传声器 传声器是将声波的压力转换成电压信号的装置，是声级计的传感器。常见的传声器有动圈式和电容式等多种形式。

　　动圈式传声器由振动膜片、可动线圈、永久磁铁和变压器等组成。振动膜片受到声波压力作用产生振动，带动着和它装在一起的可动线圈在磁场内振动而产生感应电流。该电流根据振动膜片受到声波压力的大小而变化。声压越大，产生的电流就越大。

　　电容式传声器由金属膜片和金属电极构成平板电容的两个极板，膜片受到声压作用时发生变形，使两个极板之间的距离发生变化，电容量也发生变化，从而将声压转换为电信号。电容式传声器具有动态范围大、频率响应平直、灵敏度高和稳定性好等优点，因而应用广泛。

　　(2) 放大器和衰减器　在放大电路中采用两级放大器，即输入放大器和输出放大器，其作用是将微弱的电信号放大。输入衰减器和输出衰减器是用来改变输入信号衰减量和输出信号衰减量的，以使表头指针指在适当的位置上。衰减器每一挡的衰减量为 10dB。

　　(3) 计权网络　计权网络一般有 A、B、C 三种。A 计权声级模拟人耳对 55dB

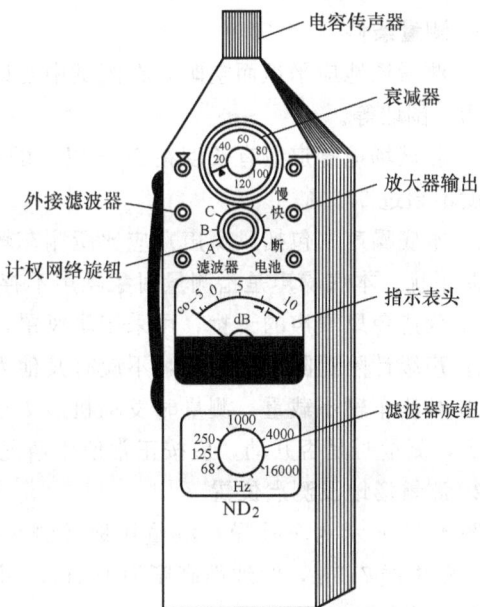

图 4-22　ND_2 型精密声级计

以下低强度噪声的频率特性，B 计权声级模拟 55～85dB 的中等强度噪声的频率特性，C 计权声级模拟高强度噪声的频率特性。三者的主要差别是对噪声低频成分的衰减程度不同，A 衰减最多，B 次之，C 衰减量最少。A 计权声级的特性曲线接近于人耳的听感特性，因此目前应用最广泛。B、C 计权声级已逐渐不被采用。

　　(4) 检波器和指示表头　为了使经过放大的信号通过表头显示出来，声级计还需要有检波器，以便把迅速变化的电压信号转变成变化较慢的直流电压信号。这个直流电压的大小要正比于输入信号的大小。根据测量的需要，检波器有峰值检波器、平均值检波器和均方根值检波器之分。峰值检波器能给出一定时间间隔中的最大值，平均值检波器能在一定的时间间隔中测量其绝对平均值。

　　多数噪声测量采用均方根值检波器。均方根值检波器能对交流信号进行平方、平均和开方，得出电压的均方根值，最后将均方根电压信号输送到指示表头。指示表头是一只电表，只要对其刻度进行标定，就可从表头上直接读出噪声级的 dB 值。

　　声级计表头阻尼一般都有"快"和"慢"两个挡。"快"挡的平均时间为 0.27s，很接近于人耳听觉器官的生理平均时间；"慢"挡的平均时间为 1.05s。当对稳态噪声进行测量或需要记录声级变化过程时，使用"快"挡比较合适；在被测噪声的波动比较大时，使用"慢"挡比较合适。

知识链接

一、汽车外噪声的检测

1. 测量条件

① 测量场地应平坦而空旷，在测试中心以 25m 为半径的范围内不应有大的反射物，如建筑物、围墙等。

② 测试场地跑道应有长度在 20m 以上的平直、干燥的沥青路面或混凝土路面，并且路面坡度不超过 0.5％。

③ 本底噪声（包括风噪声）应比所测车辆噪声至少低 10dB，并保证测量不被偶然的其他声源干扰。本底噪声是指测量对象噪声不存在时周围环境的噪声。

④ 为避免风噪声的干扰，可采用防风罩，但应注意防风罩对声级计灵敏度的影响。

⑤ 声级计附近除测量者外，不应有其他人员，若不可缺少，则必须在测量者背后。

⑥ 被测车辆不载重，测量时发动机应处于正常使用温度。车辆带有的其他辅助设备为噪声源，测量时是否开动，应按正常使用情况而定。

2. 测量场地及测点位置

图 4-23 所示为车外噪声测量场地及测量位置。测试传声器位于 20m 跑道中心点 O 两侧，各距中线 7.5m，距地面高度为 1.2m，用三角架固定。传声器平行于路面，其轴线垂直于车辆行驶方向。

3. 加速行驶车外噪声的测量方法

① 车辆必须按规定条件稳定地到达始端线，前进挡位为 4 挡以上的车辆用第 3 挡，前进挡位为 4 挡或 4 挡以下的车辆用第 2 挡，发动机转速为其标定转速的 3/4。如果此时车速超过了 50km/h，那么车辆应以 50km/h 的车速稳定地到达始端线。对于自动变速器的车辆，应使用在试验区间加速最快的挡位，不应使用

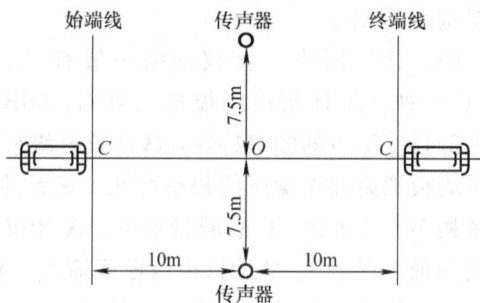

图 4-23　车外噪声测量场地及测量位置

辅助变速装置。在无转速表时，可以控制车速进入测量区，即以所定挡位相当于 3/4 标定转速的车速稳定地到达始端线。

② 从车辆前端到达始端线开始，立即将加速踏板踏到底或使节气门全开，直线加速行驶，当车辆后端到达终端线时，立即停止加速。车辆后端不包括拖车以及和拖车连接的部分。

本测量要求被测车在后半区域发动机达到标定转速，如果车速达不到这个要求，则可将 O 和 C 间的距离（见图 4-23）延长为 15m。若仍达不到这个要求，则车辆使用的挡位要降低一挡。如果车辆在后半区域超过标定转速，则可适当降低到达始端线的转速。

③ 声级计用"A"计权网络、"快"挡进行测量，读取车辆驶过时的声级计表头最大读数。

④ 同样的测量往返各进行一次，车辆同侧两次测量结果之差应不大于 2dB，并把测量结果记入规定的表格中，取每侧两次声级平均值中的最大值作为检测车的最大噪声级。若只用 1 只声级计测量，同样的测量应进行四次，即每侧测量两次。

4. 匀速行驶车外噪声测量方法

① 车辆挂常用挡位，加速踏板保持稳定，以 50km/h 的车速匀速通过测量区域。

② 声级计用"A"计权网络、"快"挡进行测量，读取车辆驶过时声级计表头的最大读数。

③ 同样的测量往返进行一次，车辆同侧两次测量结果之差应不大于 2dB，并把测量结果记入规定的表格中。若只用 1 个声级计测量，同样的测量应进行四次，即每侧测量两次。

二、汽车内噪声的检测

1. 测量条件

① 测量跑道应有满足试验需要的长度，应是平直、干燥的沥青路面或混凝土路面。

② 测量时风速（指相对于地面）应不大于 3m/s。

③ 测量时车辆门窗应关闭。车内带有的其他辅助设备为噪声源，测量时是否开动，应按正常使用情况而定。

④ 车内本底噪声比所测车内噪声至少低 10dB，并保证测量不被偶然的其他声源干扰。

⑤ 车内除驾驶人和测量人员外，不应有其他人员。

2. 测点位置

① 测量车内噪声时通常在人耳附近布置测点，传声器朝向车辆前进方向。

② 驾驶室内噪声测点的位置如图 4-24 所示。

③ 载客车室内噪声测点可选在车厢中部及最后一排座的中间位置。传声器高度如图 4-24 所示。

3. 测量方法

① 车辆挂常用挡位，以 50km/h 以上的不同车速匀速行驶，分别进行测量。

② 用声级计"慢"挡测量"A""C"计权声级，分别读取表头指针最大读数的平均值，将测量结果记入规定的表格中。

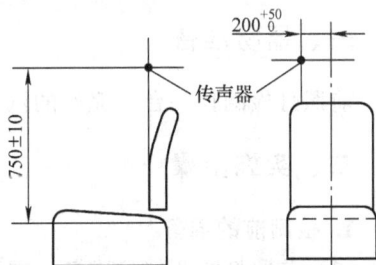

图 4-24 驾驶室内噪声测点的位置

③ 做车内噪声频谱分析时，应包括中心频率为 31.5Hz、63Hz、125Hz、250Hz、500Hz、1000Hz、2000Hz、4000Hz、8000Hz 的倍频带。

4. 驾驶人耳旁噪声的测量方法

① 车辆应处于静止状态且变速器置于空挡，发动机应处于额定转速状态。

② 测点位置如图 4-24 所示。

③ 声级计应置于"A"计权、"快"挡。

三、喇叭声级的检测

汽车喇叭噪声的测点位置如图 4-25 所示。测量时应注意不被偶然的其他声源峰值干扰，

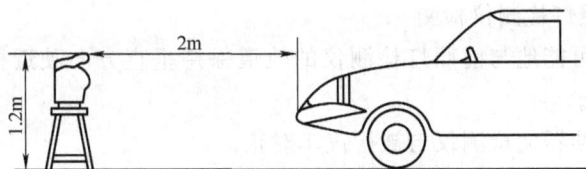

图 4-25 汽车喇叭噪声的测点位置

测量次数宜在两次以上，并注意监听喇叭声是否悦耳。

> **习题：**
> 1. 对声级计进行检查与调整。
> 2. 检测汽车内噪声。

任务九　汽车前照灯的检测

任务目标

1. 了解汽车前照灯的检测原理。
2. 掌握汽车前照灯检测仪的结构与原理。
3. 掌握运用汽车前照灯检测仪对汽车前照灯进行检测的方法和步骤。

任务实施

一、器材准备

前照灯检测仪一台、完好的汽油车一辆。

二、实施步骤

1. 检测前的准备

（1）前照灯检测仪的准备　在不受光的情况下，检查光度计指针和光轴偏斜量指示计指针是否对准机械零点，若指针失准，则可用零点调整螺钉进行调整。

检查聚光透镜和反射镜的镜面上有无污物，若有，则可用柔软的布料或镜头纸擦拭干净。

检查水准器的技术状况。若水准器中无气泡，则应进行修理或更换。若水准器中的气泡不在红线框内时，则可用水准器调节器或垫片进行调整。检查导轨是否粘有泥土等杂物，若有，则应扫除干净。

（2）被检车辆的准备　清除前照灯上的污垢，轮胎气压应符合汽车制造厂的规定，前照灯开关和变光器应处于良好状态，汽车蓄电池和充电系统应处于良好状态。

2. 检测步骤

由于前照灯检测仪的厂牌、类型不同，其检测发光强度和光轴偏斜量的具体方法也不完全相同。这里仅就投影式和自动追踪光轴式前照灯检测仪的检测方法进行介绍。

（1）用投影式前照灯检测仪检测

① 将被检汽车尽可能地与前照灯检测仪的轨道保持垂直方向驶近检测仪，使前照灯与检测仪受光器相距3m。

② 用汽车摆正找准器使检测仪与被检汽车对正。

③ 开亮前照灯，移动检测仪，使光束照射到受光器上。

④ 投影屏刻度检测法：先使光轴偏斜量指示计的指示为零，然后根据投影屏上前照灯影像中心所在的刻度读取光轴偏斜量，再根据光度计的指示值读取发光强度值，如图 4-26 所示。

⑤ 光轴刻度盘检测法：转动光轴刻度盘，使投影屏上的坐标原点与前照灯影像中心重合，此时光轴刻度盘上的指示值即为光轴偏斜量，再根据光度计上的指示值读取发光强度值，如图 4-27 所示。

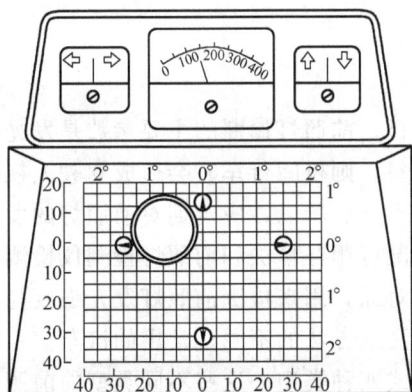

图 4-26 投影屏刻度检测法检测结果示意图　　　图 4-27 光轴刻度盘检测法检测结果示意图

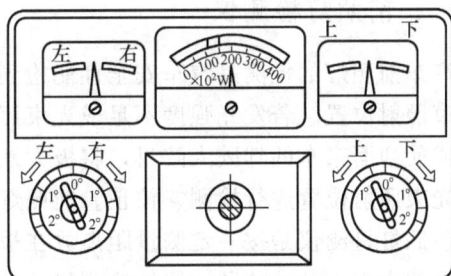

（2）用自动追踪光轴式前照灯检测仪检测

① 将被检汽车尽可能地与前照灯检测仪的轨道保持垂直方向驶近检测仪，使前照灯与检测仪受光器相距 3m。

② 用汽车摆正找准器使检测仪与被检汽车对正。

③ 开亮前照灯，接通检测仪电源，用控制器上的上下、左右控制开关移动检测仪的位置，使前照灯光束照射到受光器上。

④ 按下控制器上的测量开关，受光器随即追踪前照灯光轴，根据光轴偏斜指示计和光度计的指示值，即可得出光轴偏斜量和发光强度值。

⑤ 检测完一只前照灯后用同样的方法检测另一只前照灯。检测结束，使前照灯检测仪沿轨道或沿地面退回护栏内，将汽车驶出。

3. 检测结果分析

前照灯检验结果不合格有两种情况：一是前照灯发光强度偏低，二是前照灯照射位置偏斜。

（1）左、右前照灯发光强度均偏低

① 检查前照灯反光镜是否明亮，若昏暗，或者镀层剥落或发黑，则应予以更换。

② 检查灯泡是否老化，质量是否符合要求，若老化或质量不符合要求，光度偏低，则应予以更换。

③ 检查蓄电池端电压是否偏低，若端电压偏低，则应先充足电再检测。仅靠蓄电池供电，前照灯发光强度一般很难达到标准的规定，检测时发电机应供电。

（2）左、右前照灯发光强度不一致　检查发光强度偏低的前照灯的反射镜光泽是否灰暗，灯泡是否老化，质量是否符合要求，一般多为搭铁线路接触不良。

（3）前照灯光束照射位置偏斜　前照灯安装位置不当或因强烈震动而错位致使光束照射位置偏斜，此时应予以调整。前照灯光束照射位置偏斜的调整可在前照灯检测仪上进行。

根据检测标准，在检测调整光束照射位置时，对远、近双光束灯，以检测调整近光光束为主。如果制造质量合格的灯泡，在将近光调整合格后，远光光束一般也能合格；若在近光光束调整合格后经复核远光光束照射方向不合格，则应更换灯泡。

相关知识

一、前照灯检测仪

汽车前照灯的检测是汽车安全性能检测的重要项目。前照灯诊断的主要参数是发光强度和光束照射位置。若发光强度不足或光束照射位置偏斜，则夜间行车时会造成驾驶人视线不清，或使迎面来车的驾驶人眩目，将极大地影响行车安全。所以，应定期对前照灯的发光强度和光束照射位置进行检测、校正。前照灯的技术状况可用屏幕法和前照灯检测仪检测。

前照灯检测仪是按一定测量距离放在被检车辆的对面，用来检测前照灯发光强度与光轴偏斜量的专用设备。按照前照灯检测仪的结构特征与测量方法的不同，常用的汽车前照灯检测仪可分为聚光式、屏幕式、投影式和自动追踪光轴式四种类型。这些不同类型的前照灯检测仪均由接受前照灯光束的受光器、使受光器与汽车前照灯对正的照准装置、前照灯发光强度指示装置、光轴偏斜方向和偏斜量指示装置，以及支柱、底板、导轨、汽车摆正找准装置等组成。

1. 聚光式前照灯检测仪

聚光式前照灯检测仪利用受光器的聚光透镜把前照灯的散射光束聚合起来，并引导到光电池的光照面上，根据其对光电池的照射强度，来检测前照灯的发光强度和光轴偏斜量。检测时，应将聚光式前照灯检测仪放在距前照灯前方1m处。

2. 屏幕式前照灯检测仪

屏幕式前照灯检测仪在固定屏幕上装有可以左右移动的活动屏幕，在活动屏幕上装有能上下移动的内部带有光电池的受光器，当前照灯的光束照射到屏幕上时，即可检测发光强度和光轴偏斜量，通常测试距离为3m。

3. 投影式前照灯检测仪

投影式前照灯检测仪通过把前照灯光束的影像映射到投影屏上，来检测发光强度和光轴偏斜量。检测时，测试距离一般为3m。投影式前照灯检测仪的结构如图4-28所示。

在聚光透镜的上下和左右方向装有四个光电池。前照灯光束的影像通过聚光透镜、光度计的光电池和反射镜后，映射到投影屏上。检测时，上下、左右移

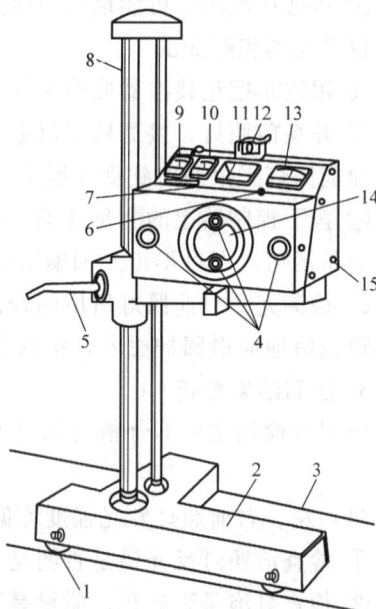

图4-28　投影式前照灯检测仪的结构
1—车轮　2—底座　3—导轨　4—光电池
5—上下移动手柄　6—上下光轴刻度盘
7—左右光轴刻度盘　8—支柱　9—左右偏斜指示计　10—上下偏斜指示计　11—投影屏
12—汽车摆正找准器　13—光度计
14—聚光透镜　15—受光器

动受光器，使光轴偏斜指示计指示为零，从而找到被测前照灯主光轴的方向，然后根据投影屏上前照灯光束影像的位置，即可得出主光轴的偏斜量，同时可从光度计的指示中读取发光强度。

根据投影式前照灯检测仪光轴偏斜量检测方法的不同，检测方法可分为投影屏刻度检测法和光轴刻度盘检测法。

(1) 投影屏刻度检测法　在投影屏上刻有表示光轴偏斜量的刻度线，根据前照灯影像中心在投影屏上所处的位置，即可直接读出光轴的偏斜量。

(2) 光轴刻度盘检测法　转动上下与左右光轴刻度盘，使前照灯光束影像中心与投影屏坐标原点重合，然后从光轴刻度盘上读取光轴偏斜量。

4. 自动追踪光轴式前照灯检测仪

自动追踪光轴式前照灯检测仪采用受光器自动追踪光轴的方法检测前照灯发光强度和光轴偏斜量，一般检测距离为3m。自动追踪光轴式前照灯检测仪的结构如图4-29所示。

检测时，前照灯的光束照射到检测仪的受光器上，此时，若前照灯光束照射方向偏斜，则主、副受光器的上下光电池或左右光电池的受光量不等，由其电流差值控制受光器上下移动的电动机运转，或使控制箱左右移动的电动机运转，并通过传动机构牵动受光器上下移动或驱动控制箱在轨道上左右移动，直至受光器上下、左右光电池受光量相等为止。在追踪光轴时，受光器的位移方向和位移量由光轴偏斜指示计指示，此即前照灯光束的偏斜方向和偏斜量，发光强度由光度计指示。

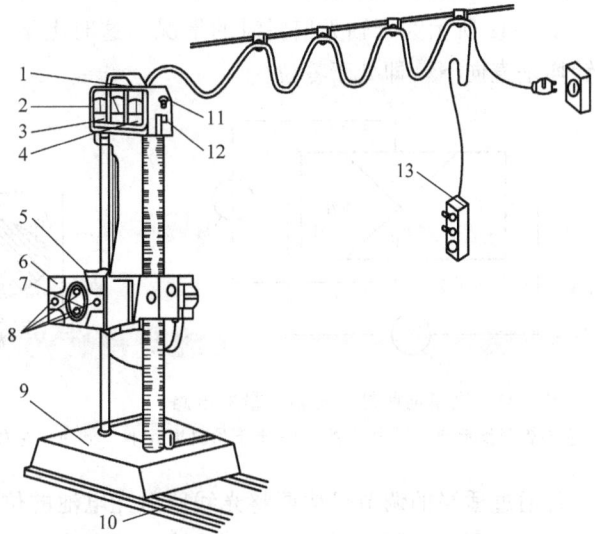

图4-29　自动追踪光轴式前照灯检测仪的结构
1—在用显示器　2—左右偏斜指示计　3—光度计
4—上下偏斜指示计　5—车辆摆正找准器　6—受光器
7—聚光透镜　8—光电池　9—控制箱　10—导轨
11—电源开关　12—熔丝　13—控制盒

二、检测原理

前照灯检测仪的类型很多，但基本检测原理类似，一般均采用把吸收的光能变成电流的光电池作为传感器，按照前照灯主光束照射光电池产生电流的大小和比例来测量前照灯发光强度和光轴偏斜量。

1. 发光强度的检测原理

测量前照灯发光强度的电路由光度计、可变电阻和光电池等组成，如图4-30所示。按规定的距离使前照灯照射光电池，光电池便按受发光强度的大小产生相应的光电流使光度计指针摆动，指示出前照灯的发光强度。

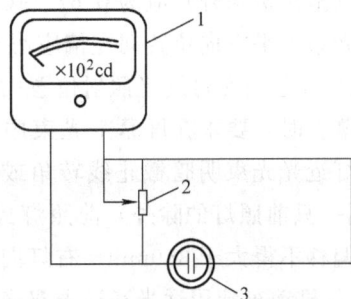

图4-30　发光强度的检测原理
1—光度计　2—可变电阻　3—光电池

2. 光轴偏斜量的检测原理

测量前照灯光轴偏斜量的电路如图 4-31 所示。该电路由两对光电池组成，左右一对光电池 $S_左$ 和 $S_右$ 上接有左右偏斜指示计，用于检测光束中心的左右偏斜量；上下一对光电池 $S_上$ 和 $S_下$ 上接有上下偏斜指示计，用于检测光束中心的上下偏斜量。当光电池受到前照灯光束照射时，如果光束照射方向偏斜，将分别使光电池的受光面不一致，因而产生的电流大小也不一致。光电池产生的电流差值分别使上下偏斜指示计及左右偏斜指示计的指针摆动，从而检测出光轴的偏斜方向和偏斜量。

图 4-32 所示为光轴无偏斜时的情况。这时上下偏斜指示计的指针和左右偏斜指示计的指针均垂直向下，即处于零位。

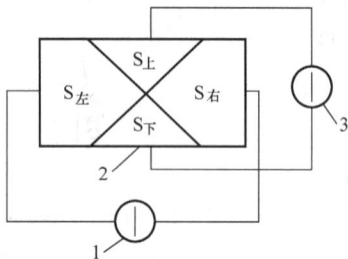

图 4-31 测量前照灯光轴偏斜量的电路
1—左右偏斜指示计 2—光电池 3—上下偏斜指示计

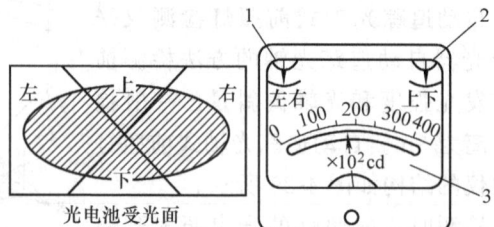

图 4-32 光轴无偏斜时的情况
1—左右偏斜指示计 2—上下偏斜指示计 3—光度计

若通过适当的调节机构调整光线照射光电池的位置，使左右一对光电池和上下一对光电池受到的光照度相同，则每对光电池输出的电流相等，两偏斜指示计的指针均指向零位，其调节量反映了光束中心的偏斜量。当偏斜指示计指针处于零位时，光电池受到的光照最强，四块光电池输出的电流之和表明了前照灯的发光强度。

三、检测标准

1. 前照灯光束照射位置的检验标准

根据《机动车运行安全技术条件》（GB 7258—2012）的规定，汽车前照灯的检验指标为光束照射位置的偏移值和发光强度（cd）。前照灯光束照射位置应符合以下要求：

① 检验前照灯的近光光束照射位置时，前照灯在距离屏幕 10m 处，乘用车前照灯近光光束明暗截止线转角或中点的高度应为 $0.7H \sim 0.9H$（H 为前照灯基准中心高度），其他机动车（拖拉机除外）应为 $0.6H \sim 0.8H$。机动车（装用一只前照灯的机动车除外）前照灯近光光束水平方向位置向左偏应小于或等于 170mm，向右偏应小于或等于 350mm。

② 检验前照灯远光照射位置时，对于能单独调整远光光束的前照灯，照射在距离 10m 的屏幕上时，要求在屏幕上光束中心离地高度，对乘用车为 $0.85H \sim 0.95H$（但不得低于前照灯近光光束明暗截止线转角或中点的高度），对其他机动车为 $0.8H \sim 0.95H$。机动车（装用一只前照灯的除外）前照灯远光光束水平位置要求，左灯向左偏移不得大于 170mm，向右偏移不得大于 350mm；右灯向左或向右偏移均不得大于 350mm。

③ 机动车装用远光和近光双光束灯时以调整近光光束为主。对于只能调整远光单光束的灯，调整远光单光束。

2. 前照灯发光强度的检验标准

《机动车运行安全技术条件》（GB 7258—2012）规定，机动车每只前照灯的远光光束发光强度应达到表 4-8 的要求。测试时，其电源系统应处于充电状态。

表 4-8　前照灯远光光束发光强度要求　　　　　　　　（单位：cd）

车 辆 类 型	检 查 项 目			
	新注册车		在用车	
	两灯制	四灯制①	两灯制	四灯制①
最大设计车速小于 70km/h 的汽车	10000	8000	8000	6000
其他汽车	18000	15000	15000	12000

① 采用四灯制的机动车其中两只对称的灯达到两灯制的要求时视为合格。

知识链接

用屏幕检测法检测汽车前照灯

1. 检测的准备

用屏幕检测法检测前照灯光束照射位置时，检查用场地应平整，屏幕与场地应垂直，被检验的车辆应在空载、轮胎气压正常、乘坐 1 名驾驶人的条件下进行。将车辆停置于屏幕前并与屏幕垂直，使前照灯基准中心距屏幕 10m，在屏幕上确定与前照灯基准中心离地面的高度 H 等高的水平基准线，以及以车辆纵向中间平面在屏幕上的投射线为基准确定的左右前照灯基准中心位置线，分别测量左右远近光束的水平或垂直照射方位的偏移值，如图 4-33 所示。

屏幕上画有三条垂直线和三条水平线。

① 中间垂直线 $V—V$ 与被检车辆的纵向中心垂直面对齐。

② 两侧的垂直线 $V_L—V_L$ 和 $V_R—V_R$ 分别为被检车辆左右前照灯基准中心的垂直线。

③ 水平线中的 $h—h$ 线与被检车辆前照灯的基准中心等高，距地面高度为 H。H 为被检车辆前照灯基准中心距地面的高度，其值视被检车型而定。

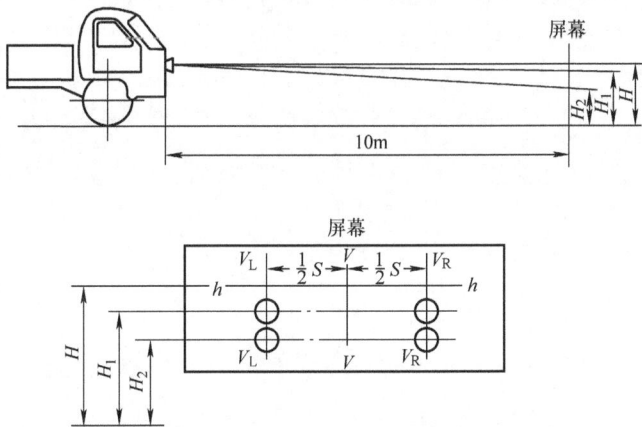

图 4-33　屏幕检测法检测前照灯光束照射位置

④ 中间水平线与被检车辆前照灯远光光束的中心等高，距地面高度为 H_1，$H_1 = 0.85H\sim0.90H$。

⑤ 下侧水平线与被检车辆前照灯近光光束的中心等高，距地面高度为 H_2，$H_2 = 0.60H\sim0.80H$。

2. 检测方法

检测时，先遮盖住一边的前照灯，然后打开前照灯的近光开关，未被遮盖的前照灯的近光明暗截止线转角或光束中心应落在图 4-33 中下侧水平线与 $V_L—V_L$ 或 $V_R—V_R$ 线的交点位置上，否则为光束照射位置偏斜，其偏斜方向和偏斜量可在屏幕上直接测量。用同样方法检测另一边前照灯近光光束照射位置。

根据检测标准，在检测调整前照灯光束的照射位置时，对远、近双光束灯应以检测调整近光光束为主，对于远光单光束前照灯，则要检测远光光束的照射位置，其光束中心应落在中间水平线与 V_L—V_L 或 V_R—V_R 线的交点位置上。

用屏幕检测法检测前照灯简单易行，但只能检测出光束的照射位置，不能检测发光强度，并且为适应不同车型的检测，需经常更换屏幕，检测效率低，同时需要占用较大场地，因此目前广泛采用前照灯检测仪对汽车前照灯进行检测。

习题：
1. 简述汽车前照灯检测仪的类型。
2. 简述汽车前照灯的检测方法。

汽车检测站

任务　认识汽车检测站

任务目标

1. 了解汽车检测站的分类与职能。
2. 熟悉汽车检测站的检测项目、内容与检测流程。
3. 了解汽车检测站的计算机控制系统。
4. 在教师的指导下，能对检测报告单的数据进行分析判断。

任务实施

参观汽车检测站。

相关知识

随着汽车制造业和交通运输业的迅速发展，汽车已成为现今社会不可缺少的交通运输工具，其保有量越来越大。如何用现代、科学、快速、定量和准确的手段检测并诊断汽车的技术状况，使汽车更好地发挥其动力性、经济性、排气净化性、安全性、可靠性和舒适性等使用性能，是人类一直追求的目标。汽车检测站在这种情况下应运而生，并逐渐发展、壮大、成熟。它不仅可代表政府车管机关或行业对汽车技术状况进行检测和监督，而且已成为汽车制造企业、汽车运输企业、汽车维修企业中不可缺少的重要组成部分。

汽车检测站是综合运用现代检测技术，对汽车实施不解体检测、诊断的机构。它具有现代的检测设备和检测方法，能在室内检测出车辆的各种参数并诊断出可能出现的故障，为全面、准确评价汽车的使用性能和技术状况提供可靠的依据。

一、检测站的任务

按中华人民共和国交通部令1991年第29号《汽车运输业车辆综合性能检测站管理办法》的规定，汽车检测站的主要任务如下：

① 对在用运输车辆的技术状况进行检测诊断。

② 对汽车维修行业的维修车辆进行质量检测。

③ 接受委托，对车辆改装、改造、报废及其有关新工艺、新技术、新产品、科研成果等项目进行检测，提供检测结果。

④ 接受公安、环保、商检、计量和保险等部门的委托，为其进行有关项目的检测，提

供检测结果。

二、检测站的类型

按不同的分类方法，检测站可以分为不同的类型。

1. 按服务功能分类

如果按服务功能分类，检测站可分为安全检测站、维修检测站和综合检测站三种。

安全检测站是国家的执法机构，不是营利型企业。它按照国家规定的车检法规，定期检测车辆中与安全和环保有关的项目，以保证汽车安全行驶，并将污染降低到允许的限度。这种检测站对检测结果往往只显示"合格""不合格"两种，而不作具体数据显示和故障分析，因而检测速度快，生产效率高。如果自动化程度比较高，其年度检车量可达数万辆次。检测合格的车辆凭检测结果报告单办理年审签证，在有效期内准予车辆行驶。这种检测站一般由车辆管理机关直接建立，或由车辆管理机关认可的汽车运输企业、汽车维修企业等企业单位或事业单位建立，也可多方联合建立。

维修检测站主要是从车辆使用和维修的角度，担负车辆维修前、后的技术状况检测。它能检测车辆的主要使用性能，并能进行故障分析与诊断。它一般由汽车运输企业或汽车维修企业建立。

综合检测站既能担负车辆管理部门的安全、环保检测，又能担负车辆使用、维修企业的技术状况诊断，还能承接科研或教学方面的性能试验和参数测试。这种检测站检测设备多，自动化程度高，数据处理迅速、准确，因而功能齐全，检测项目广且深度大，可为合理制定诊断参数标准、诊断周期，以及为科研、教学、设计、制造和维修等部门或单位提供可靠依据，并能担负对检测设备精度的测试。

2. 按规模大小分类

如果按规模大小分类，检测站可分为大、中、小三种类型。其中，大型检测站检测线多，自动化程度高，年检能力大，且能检测多种车型。大型综合检测站可成为一定地区范围内的检测中心。

中型检测站至少有两条检测线。目前我国地市级及以上的城市建成或正在筹建的检测站多为这种类型。

小型检测站主要指那些服务对象单一的检测站。规模不大的安全检测站和维修检测站就属于这种类型。它不能担负更多的检测任务。这种检测站设有一条或两条作用相同的检测线。当仅设一条检测线时，它往往能兼顾大、小型汽车的检测；当设两条检测线时，其中一条线往往是专检小型汽车，而另一条线则大、小型汽车兼顾。这种规模的检测站在国外较为常见。

有些检测站虽然服务对象单一，但是站内设置的检测线较多，因而不应再称为小型检测站。例如，国外把拥有四条安全、环保检测线的检测站视为中型检测站。

3. 按自动化程度分类

如果按自动化程度分类，检测站可分为手动、半自动和全自动三种类型。

手动检测站的各检测设备由人工手动控制，从各单机配备的指示装置上读数，笔录检测结果或由单机配备的打印机打印检测结果，因而占用人员多，检测效率低，读数误差大，多适用于维修检测站。

全自动检测站利用计算机控制系统将检测线上各检测设备连接起来，除车辆上部和下部的外观检查工位仍需人工外，其他所有工位上的检测过程均能自动控制，使设备的起动与运转、数据采集、分析判断、存储、显示和集中打印报表等全过程实现自动化。检测长可坐在主控制室内通过闭路电视观察各工位的检测情况，并通过检测程序向各工位受检车辆的驾驶人和检测员发出各种操作指令。每一项检测结果均能在主控制室内的计算机显示器和各工位上的检验程序指示器上同时显示，因而检测长、各工位检测员和驾驶人均能随时了解每一项检测结果。

由于全自动检测站自动化程度高，检测效率高，能避免人为的判断错误，因此获得广泛应用。目前，国内外的安全检测站多为这种类型。

半自动检测站的自动化程度或范围介于手动检测站和全自动检测站之间，一般是在手动检测站的基础上将部分检测设备（如侧滑试验台、制动试验台、车速表试验台等）与计算机联网，以实现自动控制，而另一部分检测设备（如烟度计、废气分析仪、前照灯检测仪、声级计等）仍然手动操作。当计算机联网的检测设备因故不能进行自动控制时，各检测设备仍可手动使用。

4. 按站内检测线数分类

如果按站内检测线数分类，检测站可分为单线检测站、双线检测站、三线检测站等多种类型。总之，站内有几条检测线，就可以称为几线检测站。例如，日本某陆运事务所的检测站有八条检测线，可称为八线检测站。

5. 按所有制分类

如果按所有制分类，检测站可分为全民所有（国家经营）检测站、集体所有（集体经营）检测站和个体所有（私人经营）检测站三种类型。例如，日本就有国家车检场和民间车检场之分，我国也早已出现了集体所有制企业建立的检测站。

6. 按职能分类

如果按职能分类，检测站可分为 A 级站、B 级站和 C 级站三种类型。其职能如下：

A 级站：能承担检测站的主要任务，即能检测车辆的制动、侧滑、灯光、转向、前轮定位、车速、车轮动平衡、底盘输出功率、燃料消耗、发动机功率和点火系统状况，以及异响、磨损、变形、裂纹、噪声、废气排放等状况。

B 级站：能承担在用车辆技术状况和车辆维修质量的检测，即能检测车辆的制动、侧滑、灯光、转向、车轮动平衡、燃料消耗、发动机功率和点火系统状况，以及异响、变形、噪声、废气排放等状况。

C 级站：能承担在用车辆技术状况的检测，即能检测车辆的制动、侧滑、灯光、转向、车轮动平衡、燃料消耗、发动机功率，以及异响、噪声、废气排放等状况。

三、检测站的组成和工位布置

1. 检测站的组成

检测站主要由一条至数条检测线组成。对于独立而完整的检测站，除检测线外，还应包括停车场、清洗站、泵气站、维修车间、办公区和生活区等设施。

（1）安全检测站　一般由一条至数条安全、环保检测线组成。

（2）维修检测站　一般由一条至数条综合检测线组成。

（3）综合检测站　一般由安全、环保检测线和综合检测线组成，可以各为一条，也可以各为数条。我国交通系统建成的检测站大多属于综合检测站，一般由一条安全、环保检测线和一条综合检测线组成，如图 5-1 所示。

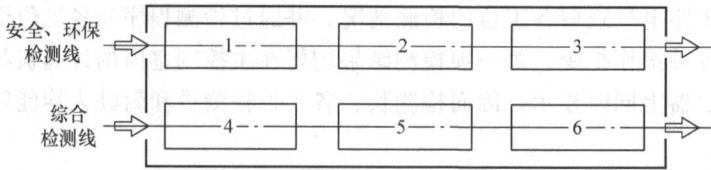

图 5-1　双线综合检测站平面布置示意图

1—外观检查工位　2—侧滑、制动、车速表工位　3—灯光、尾气工位
4—外观检查及车轮定位工位　5—制动工位　6—底盘测功工位

2. 检测线的组成和工位布置

不管是安全、环保检测线，还是综合检测线，都由多个检测工位组成，布置形式多为直线通道式，检测工位则是按一定顺序分布在直线通道上。

（1）安全、环保检测线　手动和半自动的安全、环保检测线一般由外观检查（人工检查）工位，侧滑、制动、车速表工位，灯光、尾气（废气）工位组成。其中，外观检查工位带有地沟。全自动安全、环保检测线既可以由上述三工位组成，也可以由四工位或五工位组成。五工位一般是汽车资料输入及安全装置检查工位，侧滑、制动、车速表工位，灯光、尾气工位，车底检查工位（带有地沟），综合判定及主控制室工位，如图 5-2 和图 5-3 所示。

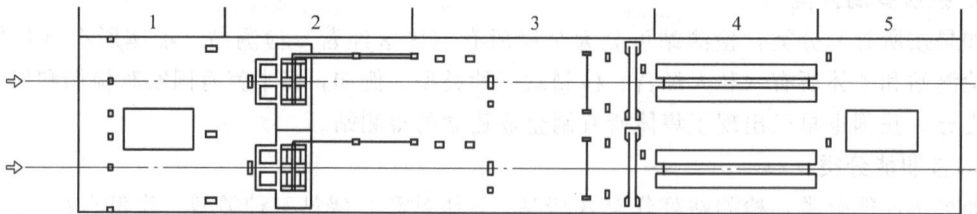

图 5-2　日本五工位全自动安全、环保检测线平面布置图

1—汽车资料输入及安全装置检查工位　2—测滑、制动、车速表工位
3—灯光、尾气工位　4—车底检查工位　5—综合判定及主控制室工位

对于安全、环保检测线，不管是三工位、四工位还是五工位，也不管工位顺序如何编排，其检测项目都是固定的，因而均布置成直线通道式，以利于流水作业。

（2）综合检测线　如前所述，综合检测站分为 A、B、C 三种类型，职能各不一样，因而站内综合检测线的职能也不一样。A 级综合检测站（以下简称 A 级站）能全面承担检测站的任务，是职能最全的检测站。A 级站在我国一般设置两条检测线：一条为安全、环保检测线，主要承担车管部门对车辆进行年审的任务；另一条为综合检测线，主要承担对车辆技术状况的检测诊断。A 级站的综合检测线一般有两种类型：一种是全能综合检测线，另一种是一般综合检测线。全能综合检测线设有包括安全、环保检测线等主要检测设备在内的比较齐全的工位，而一般综合检测线设置的工位不包括安全、环保检测线的主要检测设备。

图 5-1 所示的综合检测线即为全能综合检测线。它由外观检查及车轮定位工位、制动工位和底盘测功工位等组成，能对车辆技术状况进行全面检测和诊断，必要时也能对车辆进行安全、环保检测。这种检测线的检测设备多，检测项目齐全，与安全、环保检测线互不干

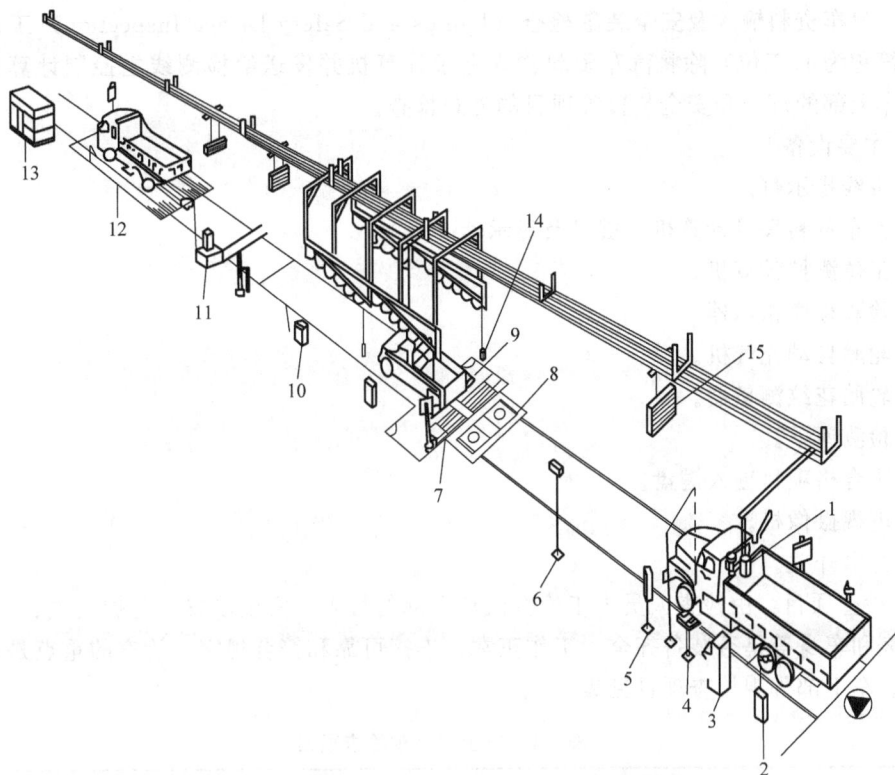

图 5-3　国产五工位全自动安全、环保检测线

1—进线指示灯　2—烟度计　3—汽车资料登录计算机　4—安全装置检查不合格项目输入键盘　5—烟度计
检验程序指示器　6—电视摄像机　7—制动试验台　8—侧滑试验台　9—车速表试验台　10—废气分析仪
11—前照灯检测仪　12—车底检查工位　13—主控制室　14—车速表检测申报开关　15—检验程序指示器

扰，因而检测效率相对较高，但建站费用也高。

A 级站的一般综合检测线主要由底盘测功工位组成，能进行除安全、环保检测项目以外项目的检测和诊断，必要时车辆必须开到安全、环保检测线上才能完成有关项目的检测。我国已建成的综合检测站有相当多的属于这种类型。与全能综合检测线相比，一般综合检测线设备少，建站费用低，但检测效率也低。

综合检测线上各工位的车辆，由于检测、诊断项目不一，检测、诊断深度不同，很难在相同的时间内检测、诊断完毕，很有可能前边工位的车辆工作量大，而后边工位的车辆工作量小，但后边车辆又无法逾越，因而影响了工作效率。当综合检测线采用直线通道式布置，而又允许在线上进行诊断故障和调试作业时，将不可避免地遇到上述问题。在这种情况下，也可以将综合检测线的各工位横向布置成尽头式、穿过式或其他形式，以适合实际生产的需要，提高检测效率。

B 级综合检测站和 C 级综合检测站的综合检测线不包括底盘测功工位。

四、各工位设备与检测项目

1. 安全、环保检测线

以五工位全自动安全、环保检测线为例，主要设备中不包括软件。

(1) 汽车资料输入及安全装置检查（Lamps and Safety Device Inspection）工位　该工位（可简称为 L 工位）除将汽车资料输入登录计算机并发送给检测线主控制计算机外，还进行汽车上部的灯光和安全装置等项目的外观检查。

1）主要设备

① 进线指示灯。

② 汽车资料登录计算机、键盘及显示器。

③ 工位测控计算机。

④ 检验程序指示器。

⑤ 轮胎自动充气机。

⑥ 轮胎花纹测量器。

⑦ 检测锤子。

⑧ 不合格项目输入键盘。

⑨ 电视摄像机。

⑩ 光电开关。

2）检查项目：由检查人员人工检查汽车上部的灯光、安全装置、防护装置、操纵装置、工作仪表和车身等是否装备齐全、工作正常、连接可靠和符合规定。检查的重点是灯光和安全装置。车上部外观检查项目见表 5-1。

表 5-1　车上部外观检查项目

序号	检查项目	序号	检查项目
1	远光灯	16	离合器、变速器
2	近光灯	17	制动踏板自由行程
3	制动灯	18	驻车制动操纵杆
4	倒车灯	19	转向器自由转动量
5	牌照灯	20	油箱、油箱盖
6	示宽灯、辅助灯、标志灯	21	挡泥板
7	室内灯	22	防护网及连接装置
8	车厢、座位	23	电器导线
9	车门、车窗	24	起动机
10	车身、漆面	25	发电机、蓄电池
11	后视镜、下视镜、侧视镜	26	灭火器
12	风窗玻璃	27	仪表、仪表灯
13	刮水器	28	机油低压报警器
14	喇叭	29	半轴螺栓
15	轮胎、轮胎螺栓	30	座椅安全带

(2) 侧滑制动车速表工位　该工位由侧滑检测（Alignment Inspection）、轴重检测（Weight Inspection）、制动检测（Brake Test）和车速表检测（Speedometer Test）组成，简称 ABS 工位。

1）主要设备

① 工位测控计算机。

② 侧滑试验台。

③ 轴重计或轮重仪，与反力式滚筒制动试验台配套使用。若反力式滚筒制动试验台本身配备轴重测量装置或采用惯性式平板制动试验台，则不必再配备轴重计或轮重仪。

④ 制动试验台。

⑤ 车速表试验台及车速表检测申报开关（或遥控器）。

⑥ 检验程序指示器。

⑦ 光敏开关。

⑧ 反光镜。

2）检测项目

① 检测前轮侧滑量。

② 检测各轴轴重。

③ 检测各轮制动拖滞力和制动力。

④ 检测驻车制动力。

⑤ 检测车速表指示误差。

（3）灯光、尾气工位　本工位主要由前照灯检测（Head Light Test）、排气检测（Exhaust Gas Test）、烟度检测（Diesel Smoke Test）和喇叭声级检测（Noise Test）组成，简称 HX 工位。

1）主要设备

① 工位测控计算机。

② 前照灯检测仪。

③ 排气分析仪。

④ 烟度计。

⑤ 声级计。

⑥ 检验程序指示器。

⑦ 停车位置指示器。

⑧ 光电开关。

⑨ 反光镜。

2）检测项目

① 检测前照灯发光强度和光轴偏斜量。

② 检测汽油车急速排放污染物或柴油车自由加速烟度。

③ 检测喇叭声级。

（4）车底检查工位　车底检查（Pit Inspection）工位可简称为 P 工位。

1）主要设备

① 工位测控计算机。

② 检验程序指示器。

③ 地沟内举升平台。

④ 检测锤子。

⑤ 不合格项目输入键盘。

⑥ 对讲传声器及扬声器。

⑦ 光电开关。

⑧ 车辆到位警告灯或报警器。

⑨ 地沟内电视摄像机。

2）检测项目：该工位是进行车辆底部的外观检查，由检测人员在地沟内人工检查底盘各装置及发动机的连接是否牢固可靠，有无弯扭断裂、松旷，以及漏油、漏水、漏气、漏电等现象。车底检查项目见表5-2。

表 5-2　车底检查项目

序号	检查项目	序号	检查项目
1	发动机及其连接	16	油路、气路、电路
2	车架	17	储气筒
3	前梁	18	传动轴、万向节、伸缩节
4	转向器的转向轴及其转向节	19	中间支承
5	转向器支架	20	离合器及操纵机构
6	转向垂臂	21	变速器
7	转向器	22	主传动器
8	转向主销及其轴承	23	减振器
9	纵横拉杆	24	钢板弹簧夹及U形螺栓
10	前悬架连接	25	排气管及消声器
11	前吊耳销子	26	制动系统拉杆、驻车制动器
12	后悬架连接	27	后桥壳
13	后吊耳销子	28	缓冲器、保险杠、牵引钩
14	各部杆系	29	漏油、漏水、漏气、漏电现象
15	各种软管	30	油箱、蓄电池等的固定情况

（5）综合判定及主控制室工位

1）主要设备

① 主控制计算机、键盘及显示器。

② 打印机。

③ 监察电视（电视摄像机显示器）。

④ 控制台及主控制键盘。

⑤ 稳压电源。

⑥ 不间断电源。

2）检测项目：汽车到达该工位时检测项目已全部检测完毕，主控制计算机对各工位检测结果进行综合判定后，由打印机集中打印检测结果报告单，并由检测长交给被检车汽车驾驶人。

全自动安全、环保检测线的主要设备及其用途见表5-3。除表5-3中所列主要设备外，还可以选购内部电话或对讲设备、空调机和设备校准装置等。在表5-3所列设备中，侧滑试验台、轴重计或轮重仪、制动试验台、车速表试验台、前照灯检测仪、排气分析仪、烟度计、声级计和检测锤子为检测设备。

表 5-3　全自动安全、环保检测线的主要设备及其用途

序号	设备名称	用　途
1	进线指示灯	控制进线车辆，绿灯进，红灯停
2	汽车资料登录计算机	登录汽车资料并发送给主控制计算机
3	工位测控计算机	担负工位检测过程控制、数据采集与处理等工作
4	检验程序指示器	指示工位检测程序，下达操作指令，显示检测结果，引导车辆前进
5	轮胎自动充气机	按设定的轮胎气压自动充气
6	轮胎花纹测量器	测量轮胎花纹深度
7	检测锤子	检查各连接件、车架等是否松动或开裂
8	不合格项目输入键盘	将车上、车下外观检查中的不合格项目报告主控制计算机
9	摄像机及监察电视	供主控制室的检测长监察地沟及整个检测线的工作情况
10	侧滑试验台	检测转向轮侧滑量
11	轴重计或轮重仪	检测各轴轴重
12	制动试验台	检测各轮拖滞力、制动力和驻车制动力
13	车速表试验台	检测车速表指示误差
14	车速表检测申报开关或遥控器	当试验车速达到40km/h时按下此开关或遥控器，计算机采集此时的实际车速数据
15	光电开关	当车轮遮挡光电开关时，光电开关产生的信号输入计算机，报告车辆到位，计算机安排检测开始
16	反光镜	供驾驶人观察车轮到达试验台或停车线的位置
17	前照灯检测仪	检测前照灯发光强度和光轴偏斜量
18	排气分析仪	检测汽油车排气中的CO和HC浓度
19	烟度计	检测柴油车排气中的自由加速烟度
20	声级计	检测喇叭声级
21	停车位置指示器	指引汽车在灯光、尾气工位停车线上准确停车
22	地沟内举升平台	使地沟内的检测人员在高度上处于最有利的工作位置
23	对讲传声器及扬声器	用于地沟上下的通话联系
24	地沟内警告灯或报警器	报告车辆到达车底检查工位
25	主控制计算机	安排检测程序，对照检测标准，综合判定并存储、打印检测结果
26	打印机	打印检测结果报告单
27	控制台	主控制计算机、键盘、显示器、打印机、监察电视等均安放在控制台上，是全线的控制中心
28	主控制键盘	当计算机系统出现故障不能使用时，可通过主控制键盘对各工位实施控制，以不间断检测工作
29	稳压电源和不间断电源	稳定电压，不间断供电

2. 综合检测线

以图 5-1 所示全能综合检测线为例介绍综合检测线。

（1）外观检查及车轮定位工位　该工位包括车上、车底外观检查和前轮定位检测。

1）主要设备

① 轮胎自动充气机。

② 轮胎花纹测量器。

③ 检测锤子。

④ 地沟内举升平台。

⑤ 地沟上举升器。

⑥ 就车式车轮平衡机。

⑦ 声发射探伤仪。

⑧ 侧滑试验台。

⑨ 四轮定位仪或车轮定位检测仪。

⑩ 转向盘自由转动量检测仪。

⑪ 转向盘转向力检测仪

⑫ 传动系统游动角度检测仪。

⑬ 底盘间隙检测仪。

2）检测项目

① 车上、车底外观检查项目同全自动安全、环保检测线。

② 就车检测车轮不平衡量并将其平衡。

③ 对转向节枢轴等安全机件进行探伤。

④ 检测前轮侧滑量。

⑤ 检测前轮最大转向角、主销后倾角、主销内倾角，并视需要检测前轮前束值和前轮外倾角。

⑥ 检测后轮前束值和后轮外倾角。

⑦ 检测转向盘自由转动量。

⑧ 检测转向盘转向力。

⑨ 检测传动系统游动角度。

⑩ 检测轮毂轴承、转向节主销、纵横拉杆和钢板弹簧销等处的底盘松旷量。

（2）制动工位

1）主要设备

① 轴重计或轮重仪，与反力式滚筒制动试验台配套使用。若反力式滚筒制动试验台本身配备轴重测量装置或采用惯性式平板制动试验台，则不必再配备轴重计或轮重仪。

② 制动试验台。

2）检测项目

① 检测各轴轴重。

② 检测各轮制动拖滞力和制动力，按制动曲线分析制动过程。

③ 检测驻车制动力。

（3）底盘测功工位　该工位能模拟汽车道路行驶，因而可组织较多的检测设备同时或交又地对汽车发动机、底盘、电气设备和车身等进行动态综合检测和诊断，并且配备的设备越多，能检测、诊断的项目也就越多。

1）主要设备

① 底盘测功试验台。

② 发动机综合参数测试仪（汽、柴油机合一或分开）。

③ 电控系统检测仪。

④ 电器综合测试仪。

⑤ 气缸压力测试仪或气缸压力表。

⑥ 气缸漏气量（率）测试仪。

⑦ 真空表或真空测试仪。

⑧ 油耗计。

⑨ 五气体分析仪。

⑩ 烟度计。

⑪ 声级计。

⑫ 机油清净性分析仪。

⑬ 发动机无负荷加速测功仪。

⑭ 发动机异响分析仪。

⑮ 传动系统异响分析仪。

⑯ 温度计或温度仪。

2）检测项目

① 检测驱动车轮的输出功率或驱动力，模拟车辆各种行驶速度行驶，进行加速性能、等速性能和滑行性能等性能试验，检测百公里耗油量和经济车速等。

② 对点火系统、供油系统、冷却系统、润滑系统、传动系统、行驶系统、电气设备、车身等的技术状况进行检测、分析和判断。

③ 对装配点燃式发动机的车辆，根据不同类型，进行怠速试验、双怠速试验和加速模拟工况试验。根据怠速工况或其他工况排气中 CO、HC、NO_x、CO_2 和 O_2 的浓度，分析空燃比、燃烧状况、气缸密封状况和污染等状况。

④ 对装配压燃式发动机的车辆，根据不同类型，进行自由加速排气可见污染物试验、自由加速烟度试验，分析空燃比、燃烧状况、气缸密封状况和污染等状况。

⑤ 检测、分析并判断发动机和传动系统异响。

⑥ 检测各总成的温度和发动机排气温度。

当该工位上的某些项目检测时间过长时，也可将这些项目在前面的工位上提前进行检测。例如，机油清净性分析完全可以在第一工位上对机油取样，接着到分析仪上进行分析，以平衡与其他项目的检测进度。

在综合检测线上，允许对车辆做必要的调试。若调试时间太长，则应出线在维修（或调试）车间内进行。

当在综合检测线上进行安全、环保检测时，应按安全、环保检测线规定的项目进行。全能综合检测线的主要设备及其作用见表5-4。

表 5-4　全能综合检测线的主要设备及其作用

序号	设备名称	作　用
1	地沟上举升器	举起车辆，使车轮离地
2	就车式车轮平衡机	就车检测车轮不平衡量，并通过配重使车轮平衡
3	声发射探伤仪	在不解体的情况下探测零件的裂纹和损伤
4	四轮定位仪或车轮定位检测仪	检测车轮前束值、车轮外倾角、主销后倾角、主销内倾角及前轮最大转向角
5	转向盘自由转动量检测仪	检测转向盘自由转动量
6	转向盘转向力检测仪	检测转向盘转向力
7	传动系统游动角度检测仪	检测传动系统自由转动量
8	底盘间隙检测仪	检测轮毂轴承、转向主销、纵横拉杆和钢板弹簧销等处的间隙
9	发动机综合参数测试仪	对汽、柴油发动机的功率、气缸压力、点火定时、供油定时、点火系统技术状况、供油系统技术状况、电控系统和异响等进行检测、分析和判断
10	电控系统检测仪	包括读码器、解码器、扫描器、专用诊断仪、示波器、分析仪、信号模拟器和综合测试仪等，用于对汽车电控系统的检测和诊断
11	电器综合测试仪	检测电器设备的技术状况
12	气缸压力测试仪或气缸压力表	检测气缸的压缩压力
13	气缸漏气量（率）测试仪	检测气缸的漏气量或漏气率
14	真空表或真空测试仪	检测进气管真空度，用于评价气缸密封性
15	油耗计	检测燃油消耗量
16	五气体分析仪	检测排气中 CO、HC、NO_x、CO_2 和 O_2 的浓度
17	机油清净性分析仪	分析机油的清净性程度
18	发动机无负荷测功仪	对发动机进行无负荷加速测功
19	发动机异响分析仪	诊断发动机异响
20	传动系统异响分析仪	诊断传动系统异响
21	温度计或温度仪	检测各总成温度和发动机排气温度

注：其他项同表 5-3 所列。

习题：

1. 汽车检测站有哪些功能？目前汽车检测站有哪些类型？
2. 安全、环保检测线各工位的设备与检测项目有哪些？

参 考 文 献

[1] 舒华. 汽车电器设备与维修 [M]. 北京：北京理工大学出版社，2005.

[2] 裴保纯. 汽车维修图解速成 [M]. 北京：人民邮电出版社，2009.

[3] 于春鹏. 汽车电气设备维修 [M]. 北京：中国电力出版社，2007.

[4] 李淑艳. 汽车发动机使用维修问答 [M]. 北京：化学工业出版社，2006.

[5] 唐宗清. 汽车维修手册 [M]. 武汉：湖北科学技术出版社，2006.

[6] 秦明华. 汽车电器与电子技术 [M]. 北京：北京理工大学出版社，2003.

[7] 赵琢. 汽车电控燃油喷射系统的运用与检修 [M]. 北京：人民交通出版社，1996.

[8] 张宝诚. 汽车电子技术与维修 [M]. 北京：国防工业出版社，1998.

[9] 林平. 汽车电子控制汽油喷射系统结构·原理·检修 [M]. 福州：福建科学技术出版社，1996.

[10] 汤定国. 汽车发动机构造与维修 [M]. 北京：人民交通出版社，2007.

[11] 李清明. 汽车发动机故障分析详解 [M]. 北京：机械工业出版社，2007.

[12] 戈国鹏. 汽车故障诊断技术 [M]. 北京：人民交通出版社，2011.

[13] 路惠湘. 轿车故障快速诊断与排除 [M]. 北京：机械工业出版社，2010.

[14] 宋传平. 汽车故障急救 [M]. 北京：机械工业出版社，2011.

[15] 李洪港. 当代轿车综合故障诊断实务 [M]. 北京：人民交通出版社，2005.